小さな運送・物流会社のための

業績アップし続ける3つのしくみ

（株）ナルキュウ　代表取締役

酒井　誠

同文舘出版

はじめに

1992年、私は叔母から創業40年の老舗運送会社を引き継ぎました。当時、会社はいわゆる「家業」でした。「家業」だからいい、悪いということはありませんが、私は「家業」は「企業」に変貌していくべきではないかと思っています。

それでは、「家業」と「企業」との違いとは何でしょうか？　私なりの解釈ではありますが、「家業」とは、家族（親）や家族同然と位置付けられた仲間（同僚）を最優先に考え、大切にする中で存続していく事業形態。一方、「企業」とは、企業価値を限りなく高めていくための組織であり、社会貢献活動であり、世襲にこだわらない最適経営者の抜擢ができる強い会社になるための事業形態であると考えています。

確かに、同族経営特有の結束力により、力強く生き延びている老舗家業は多くあります。私が経営を引き継いだ鳴海急送合資会社（のちに株式会社ナルキュウが吸収合併）もその一つでした。

創業社長は社長業の傍ら、過酷な現場作業による過労が原因で急逝しました。社長の実弟も同族経営者として勤めていましたが、社長には就任せず、社長の妻であった私の叔母が二代目社長に就任しました。事業を大幅に縮小しつつも13年間、社長業を務めたのち、私に経営を委ねたというのが「家業存続」の経緯です。

一般的に、家業は相対的に規模も小さく、同族経営、経営判断もすべて社長が行ない、末端の社員から見ると経営に参加している実感はほとんどなく、「居心地のよさ」が会社の唯一の魅力というイメージが社長就任時の私にはありました。

一方、「企業」には合理的な組織があり、理念や指針、経営方針が定まっていて、スケールの大きい事業をするのに向いている。よってレベルの高い人材も集めやすく、競争原理も働くため業績アップもさせやすい。そんな「想像」を社長就任当初は抱いていたのです。28歳の私は焦るように「家業」を「企業化」する改革を行なっていきました。

しかし、現実は甘くありませんでした。「居心地のよさ」を魅力に感じていた古参社員は「ついていけない」「俺たちのこれまでの功績が評価されないなら辞める」「若社長が何をしたいのかわからない」と徐々に会社を後にし始めました。

「話したところで、わかってもらえるわけがない」「去るものは追わず」という私のワンマン経営は、さらに拍車がかかりました。

そもそも私が家業ではなく、企業化を目指した理由は、「会社経営は何のためにやっているのか?」という疑問があったからです。私にとって先代は実の親ではなく親戚です。親戚の家業を後世に引き継ぐことに、何ら魅力も使命感も感じていませんでした。それは家業ならではの、「物心がついた頃から運送屋だった」とか「親の苦労を、何となく親の背中を見て感じつつ育ってきた」というような実感がなかったからかもしれません。一事業家として自分がどこまでできるか? が大きな関心事だったのです。「多少遠回りしたとしても、企業として発展していけるしくみをつくらなくてはならない」これが新米経営者であった私の本音です。「多少の遠回り」というのは、自分の経営理念に賛同できず、ついていけないと言われれば仕方がない、と思っていたためです。一からの改革をするのに「家業」という流れを断ち切りたかったのです。

現時点で振り返ってみると、当時の自分の考えは40%が過ちで、60%が正しかったというのが実感です。

私の会社の社是は、「**小さな一流企業を目指して、社会に貢献できる人づくり（NALQマン）会社づくり**」です。20年前に掲げてから、一度も変えていません。しかし、この社是に対する考え方は全く別物と言えるほど、変わっています。

先に述べた過ちの40％は、「会社は何のためにあるのか？」に対する回答です。お恥ずかしい限りですが、当初は社長である私自身の自己実現のためでした。つまり、自分のために会社を経営していたわけです。誰もついてこないのも当然です。実際、私が先代から引き継いだ社員は現在の会社には一人も残っていません。

「誰もついてきてくれない」という悩みとの葛藤は、厳しいものでした。その葛藤の中から、会社を存続させないと不幸な思いをする人が多く出てしまう、ということに気づき始めました。

存続のためには「絶対に利益が必要」です。だから、**企業は儲けるしくみを持たなくてはならない**のです。28歳の時にここに気がついていれば、険しい道も半分で済んだのかもしれません。

それでは、正しかった60％とは何であったかというと、それは**あきらめずに強い意志を貫いていけば、道は開ける**ということです。このように書くと、精神論ではないか、個人的な成功体験ではないかと思われてしまいそうですが、そうではありません。本書では、それを一つの経営手法として伝えていきたいのです。

「**ドライバー気質を生かした育成・採用**」で未経験者でも戦力化できるようになり、「**人が定着しやすい風土改革**」ができれば、経営上のロスも大きく削減できます。さらに、給与改定も含めた「**モチベーションを上げる組織づくり**」を実行していくことで、ドライバーの本気・やる気を引き出して業績アップを持続的に行なう経営手法を、本書では提案しています。

我々運送事業は、「ものを移動させて経済活動の下支え」をする、絶対になくせない産業です。にもかかわらず、安全問題、コンプライアンス、若者離れ、環境問題などで「弱い者いじめ」をされているかのような錯覚を覚えます。この著書を通じ、「実りある経営」実現の一助となれば幸いです。

株式会社ナルキュウ　代表取締役　酒井　誠

『小さな運送・物流会社のための業績アップし続ける3つのしくみ』●目次

3章 ドライバー気質を生かす5つのステップ

4章 ドライバーに達成感を与える風土づくり

5章 いい人材を獲得するための求人・面接ノウハウ

6章 やる気を引き出す給与の支払い方

装幀　齋藤稔（G－RAM）
本文DTP　マーリンクレイン

1章

運送・物流会社が業績を上げるために必要なこと

同じ運送・物流会社と言っても、元請けの存在が大きい、売上の大半が同業者からの下請けで、あるいは荷主の事情から運ぶものが限定されていて、「経営手腕」がなかなか振るえない……など、それぞれに事情があるでしょう。しかし、共通しているのは「人」を介して経営活動が展開されているということです。

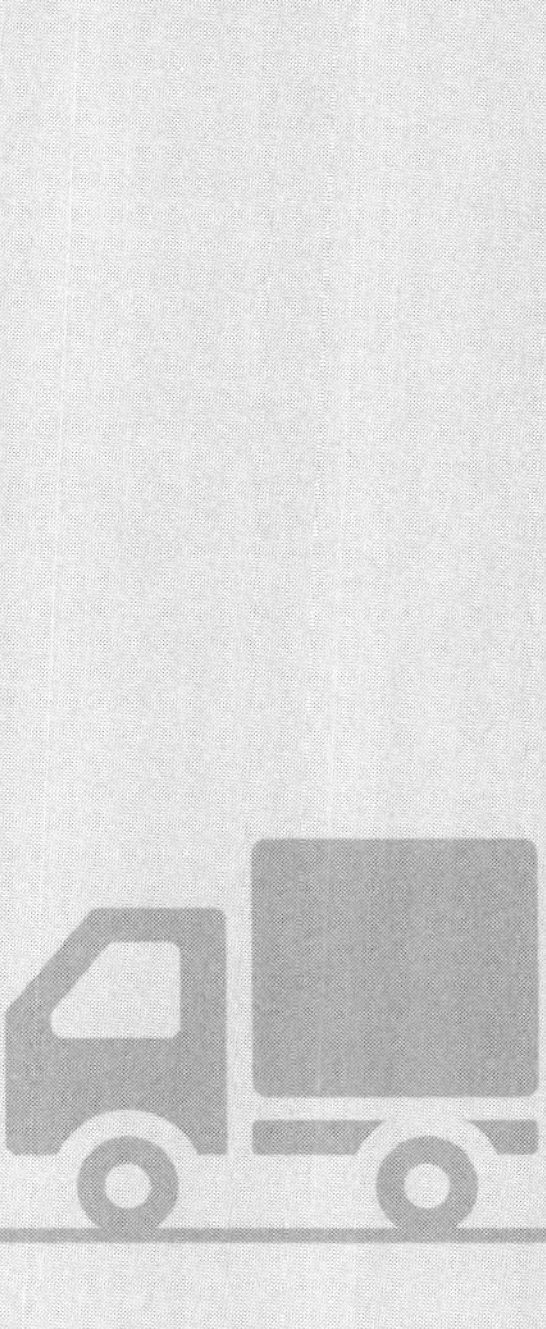

1 業績アップし続ける会社に必要なこと

●利益は「存続」のための源

私は社長に就任して以来、20年もの間、社長として間違った解釈をしていました。それは、「儲けたい」ということを後ろめたい、良心がとがめるという思いです。それよりは、「社員の幸せのため」「社会貢献のため」「世の中に必要とされるため」などと言っていた方が、何となく心が穏やかでいられたのです。

しかし、今の私は違います。「会社は儲けるためにある」と部下である管理職にも堂々と言えるようになりました。

何がそうさせたのかというと、それは本当にシンプルな気づきです。

企業は存続しなくては意味がない。存続するためには絶対に「利益（儲け）」が必要である。

これだけです。「はじめに」でも述べましたが、このことに心の底から確信できたのが、つい最近のことなのです。それまでは、大きくブレていたように思います。

「一体、何のために会社を経営しているのか？　使命感？　自己実現？　それとも社会貢献？」

ブレているから、経営の打ち手も、決断までのプロセスにも一貫性がなかったのです。

ふと頭をよぎったのが、我が社はどうして60年以上もの歴史を刻んでこられたのだろう、ということ。60年以上の間、さまざまなステークホルダー（利害関係者）がいて、それなりに役に立ってきました。私も含め、社員は生活ができ、子育てもし、無事に生きてこられました。ベンダー（業者）も付き合いの長いところが多く、変わらず経営を続けています。

いずれも、会社が存続できていなければ、止まってしまっていたわけです。そう考えると、「儲けることは健全なこと」という思いが湧き起こってきたのです。

ただし、会社が存続するためには「安全」「コンプライアンス」「社長をはじめ従業員の健康」「荷主との良好な関係性」がなくてはなりません。いくら利益が残っても、安全やコンプライアンスを後回しにする経営判断は、存続につながらないので「間違い」ということになります。

経営していくうえで、決断を下すということは本当に難しいことです。経営者の一人である私も「決めなくてはならないプレッシャー」を幾度となく乗り越えてきましたが、確信を持ってした決断などありませんでした。しかし、「存続」を前提にした利益の追求という軸を持ったことで、決断がしやすくなったのです。

「社長はこうでなくてはならない」と自分で自分を制御するあまりカリカリしてしまい、正しい経営決断ができない社長を多く見てきましたが、社長は「ここ一番」で力が発揮できて、社長しかできないこととは何かを追求したほうがいいと思っています。

●経営決断は「存続」を前提の「利益」追求で行なう

とはいえ、私自身も、これまで経営決断するうえでの軸がとても曖昧でした。

たとえば、タイヤを新品に交換するという稟議が上がってきた際、利益が出ていない時など、「もう少し我慢できないか？」「十分にローテーションを行なってきたのか？」「早めに冬タイヤに履き替えて新調するのは避けたい」という答えを出していました。

幸い、磨耗タイヤが起因となる事故は起きませんでしたが、もしも重大事故が起こってしまっていたら、間違った判断をした経営者のミスということになるでしょう。

経営決断のための軸が定まってきた今なら、迷うことなく、まずは経営「存続」のために以下のような決断を下します。

①「安全」を優先し、磨耗タイヤでは運行させない

②「利益」を残すために、よりお値打ちなタイヤを選択する（場合によっては中古）

③タイヤの耐久性を延ばすためのドライバー教育を実施する

経営者は利益最優先ではいけません。常に「**この経営判断は利益優先になっていないか？存続が後回しになっていないか？**」を考えながら、経営をし続けることが必要です。

近年、私が迫られた経営決断は、本社の移転です。旧本社物件は賃貸で契約満了が1年後に迫っていました。

いろいろな物件が候補にあがりましたが、最終的に2つに絞られました。どちらも「帯に短し、襷に長し」でした。1つは家賃も手頃で利益も出しやすいが手狭な物件。ドライバーに不自由な思いをさせることが予想されました。通勤車とトラックを毎日入れ替えなければならず、荷主から預かってきた製品の積み替えスペースが不十分、事務所を車庫とは離れた場所に設置せざるをえない。結論は「利益は出るが、ドライバーの職場環境は劣化する物件」です。

候補にあがったもう1つの物件は、当社が使い切れないほど広い。地主に半分でいいと交渉してみたのですが、一括で賃借してくれるところにしか貸さないという最終回答がきました。こちらの物件に決めると、ドライバーの職場環境は格段に上がります。

安全を実現するうえでの条件は整い、幹線道路へのアクセスは抜群、真っ平らで真四角の3000坪の敷地はなかなか出てきません。狭い敷地では積み下ろしスペースが限られてしまうため、待ち時間が当たり前に出るところを同時作業できる、大きな敷地です。

きっとドライバーは喜んでくれる。しかし、家賃が高すぎるのです。何か手を打たなければ、高額の家賃が赤字の原因になることは間違いありません。

散々迷った結果、私が出した結論は、後者の広い敷地への移転でした。しばらくトラックの買い替えを控え、倉庫を600坪分新築し、儲かるしくみを整えながら、黒字化を目指すことを決めました。

そこで、会社の10年先を見据えて、

①ドライバーの職場環境の改善、
②倉庫建設による荷量15%アップ
③新規事業の創出

というテーマを打ち出し、部下に説明しました。その際に、「存続のための利益を上げるアクション（決断）」と何度も訴えたのを覚えています。丸4年が経った今、上記①②③の結果が出始めています。

・労働時間短縮と事故減少

・天井クレーン付きの倉庫はすでに満杯で、倉庫増設を主要荷主に求められている

・一般社団法人 日本トラックドライバー育成機構（JTDO）を設立し、広い敷地を有効活用

など、会社経営は「何のために、そして誰のために」するのかを私なりに基準を持って、経営判断することができた事案だったように思います。

特にJTDOにおける敷地の有効活用は、同業他社を交えての走行、始業前点検、全国トラックドライバー・コンテスト競技の再現などにつながっています。また、中部運輸局主催のサマースクールや愛知県主催のあいちウーマノミクスを開催し、多くの高校生、大学生が訪れ、物流業界に若い人材が流入するきっかけづくりの一助になった新規事業も出来上がっています。

何よりも、インストラクターとして人前で講義する弊社のドライバーやマネジャーの成長は目を見張るものがあります。

人前で自信を持って話すためには、身の入った準備（勉強）が必要です。彼らは高いハードルを課せられながらも、それを乗り越えた時には、達成感と人格形成が同時に実現されているように感じます。

私が目先の損益だけにこだわったり、自身の経営者としての任期を短期で見ていたら、今回の経営決断はしなかったと思います。資金繰りに窮すれば生きた心地はしません。しかし、企業の存続を長期的に考えると、多少のリスクは覚悟して、長期の視点での「利益」が出せる決断が必要です。

投機的な資金運用が事業と考える経営者は別として、利益をあげて事業を存続させるには、「人」を欠かすことはできません。いくらいいハードを整えても、ソフトとしての「人」が乏しければ、いずれ事業は資金繰りに窮して存続が危ぶまれる事態になります。

人材育成が経営の根幹。これが、本書でお伝えする「業績アップし続ける会社の極意」です。

さらに、ソフト面（人材育成）のノウハウを現場で実行していくためには、組織の整備や、風土改革といったハード面のノウハウも必要です。2章以降で詳しく説明していきます。

2 業績アップのための企業文化づくり

●事業存続には「企業文化」が欠かせない

会社の風土づくりについては4章で詳しく解説しますが、ここでは業績アップとの関連について、先に触れておきたいと思います。

利益を残し事業を存続させていくためは、やはり人を育てるということを省くことはできません。これが私の経営決断の源となっています。しかし、人材育成がすべてと言っているわけでもありません。人が育つかどうかは**企業文化がうまく根づいたかどうかの結果**と思えるのです。

荷主から運賃のいい運行をいただけているのに利益が残らないと、つい無駄を見つけ、節約活動に注力しがちです。しかし、利益が残らない真因は企業文化ができていないからかもしれないのです。

特にトラック運送では、ドライバーが一歩車庫を出ていけば、ずっと見張っているわけにはいきません。ドライバーに委ねる部分がとても多いのです。そのため、ドライバーが本気になって、次にやるべき行動を理解し、実践できる企業文化が不可欠なのです。

私は以前、赤字体質に陥った時に、経営の立て直しをあらゆる視点から考えました。

- **トラックにかける費用等のハード面のコストダウン**
- **無駄のない運行ルートを模索（不採算運行の抽出）**
- **不採算運行の値上げ交渉またはお断りの検討**
- **費用対効果の低い経営活動（営業所展開など）の抜本的な見直し**

などです。その中であることに気づきました。**社長が一人で闘っていては負ける（企業存続できない）。社員が「本気」で働く企業文化がなければ勝てない**ということです。一人ひとりの社員が力を出し切る組織をつくるには、それ相当の企業文化が必要なのです。

●企業文化づくりの事例紹介

私が考える企業文化づくりの基となる活動の事例を1つ紹介します。

私の会社では、交通事故が少なく、損害保険のフリート契約割引率は長年、最高割引を維持できています。しかし、フォークリフトによる荷物事故は一向に減りません。原因はいくつかあります。

・2m以上の長いフォーク（爪）を操作すべき製品があり、技術の未熟さが引き起こす事故の多発（熟練するには概ね3年かかる）

・事故を起こしても、罰則や点数（自動車免許では減点により免許停止になる恐れがある）がない

・「お客様の大切な財産」である製品を「荷物」と認識している

私は散々悩んだあげく、ある手を打ちました。目先の再発防止策ではなく、企業文化づくりにつながる活動です。長期展望で始めたことでしたが、すぐに効果が出始めました。

それは、「社内フォークリフトの外装を新品同様に塗装し直す」という活動です。

私は先にあげた原因の中で一番欠けているのが、お客様の大切な財産を、お客様になり代わって運ぶ「使命」が理解できていないということだと仮説しました。お客様の財産である「製品」を、単なる「荷物」として扱っているから、フォーク（爪）の先でパレットを突いたり、フォークリフトのお尻が製品にぶつかってもいいと考えるのではないか、と分析したのです。

そこで、費用をかけ、次ページのようにフォークリフトを塗装し直しました。新品同様になったフォークリフトを傷つけてはいけないという気持ちと、自分が扱うのは「荷物」ではなく「製品」であるという意識改革を同時に行なったのです。

まずは、作業する音が変わりました。事故が多い時は、現場から大きな（荷役時の）金属音が「騒音」として耳に入ってきました。作業効率を重視するあまり、製品同士がぶつかったり、床に置く時に出る音が大きくなっていたのです。

しかし、この活動により荷役作業で出る音も優しくなり、「騒音」ではなくなりました。「荷物」を「製品」として扱い始めたからでしょう。

フォークリフトを塗装し直すことで、荷扱いの意識が変わった

製品との接触によるキズ

新品同様に塗装し、意識改革

一見、フォークリフトの塗装をし直すことが、荷物事故撲滅にどう関連しているのかわかりづらいかもしれません。しかし、私はこのような手法で企業文化をつくり変え、問題解決してきました。目先の直接的な原因ではなく、**「そもそも」**何が、どんなことが起因して事故やミスやクレームが出ているのかをとことん考えるのです。

原点を見つめ直す「そもそも」という言葉は、経営者が決断する際に役立つ言葉です。原点を見つめ直すということは、つまり、発生している問題や悩みの「根っこ」にあるのは何かを探す作業につながります。それをうまく探し当てれば、問題に対する「打ち手」も絞り込めますし、会社の「悪しき文化」も改善することができます。

たとえば、「整理整頓ができず、いざ必要な時に見つからず、やむを得ず買い足してしまう（コスト増）」という問題について、いくらトップが口酸っぱく「整理整頓」と言ったところで、原因を突き止めない限り大きく改善しません。

ある地方工場の、業績を短期で大幅に改善させた荷主の新工場長が、第一の打ち手として行なったのは、「いらないモノ」を大胆に捨てさせることでした。「半年間使わないモノは捨てる」を徹底したそうです。そもそもいらないモノが捨てられない文化が根底にあったというわけです。整理整頓の文化と利益が同時に得られた実例です。

3 「教育」と「育成」の違い

◆教育は「やらされ感」があっていい

「教育と育成の違いは何か？」

ある日、現役教師である私の妻に、普段疑問に思っていることを投げかけてみました。妻は「私は教育はしているけど、育成はやってない」とだけ答えてくれました。実は、このやり取りがこの疑問を解決する大きなきっかけになりました。

妻は、公立小学校の教員ですので、役割の多くは教育委員会で定められたカリキュラムにそって授業を成立させ、無事に生徒たちを進級させることです。有名中学に合格させることでもなければ、生徒の私生活に介入して「しつけ」をすることでもありません。あくまでも、進級に必要な学力や集団生活の基盤づくりなどが主な役割です。

現代の教育方針としては、「自立した子」を目指す方向にありますが、これらにはある程度「やるべき方向性」を指南するような働きかけが必要でしょう。むしろ、ある程度は「やらされ感」がないといけない、義務としてやらなければならないことは必要だと、私は感じています。

運送会社に当てはめて考えると、運賃を荷主からいただくうえで、やらなければならないことを教えるのが「教育」です。たとえば、

- **運行するうえでの細かな納品マニュアル（伝票の取り扱いなど）**
- **荷主から求められた独自のルール（構内制限速度や駐車位置など）**
- **挨拶や身だしなみ等の必要最低限の接客マナー**
- **荷扱いするうえでの商品知識の習得**

などです。

一方、「育成」は、学校においては「自分の意志」で取り組む部活のような、やらされ

感のない活動とたとえることができます。

・運行前点検など、車両トラブルを防ぐスキル
・バック走行などのプロドライバーとしての手順に沿った走行スキル
・省エネ走行スキル
・会社に利益をもたらす運行業務の効率アップ力（燃費や事故回避のための適切なルート選択や荷の積み下ろしの正確性、迅速性など）

などがあげられます。

「教育」としたものは、不足していると、荷主は契約運賃を支払わない可能性があります。「育成」としたものは、荷主が直接求めることではなく、運送会社自体にメリットがあることです。

あくまで私の持論ですが、**「教育」と「育成」は別のもの**と考えていくと、人材は育ちやすくなります。

育成は「やらされ感」がない方がいい

私の高校時代の同級生に、現役の高校教師をしている友人がいます。久しぶりに再会した際に、妻にしたのと同じ質問を投げかけました。

「教育と育成の違いは何か？」

友人は、「確かに授業は教育だから育成とは言わないかもしれない。ただ、うちの高校では育成もしているよ」と言うのです。いわく、「部活動こそ育成の場」ということでした。

確かに、部活動に義務はないので、よほどのことがなければ、やらされ感いっぱいで部活動に励むことはありません。

私も小中学校では陸上（中長距離）に没頭しました。練習は「苦」でしかありませんでしたが、やらされ感など全く感じていませんでした。練習が終わった後の爽快感や充実感、競技会後の達成感に勝るものはありませんでした。先輩後輩との接し方を覚え、後の上下関係構築の基礎となり、人間的にも一番伸びた時期だったように感じています。

自社に置き換えてみても、たとえば全国トラックドライバー・コンテスト（ドラコン）への挑戦などは、まさに「部活動」であり、実際、そのようなスタンスで取り組むようになってから結果が出るようになりました。

育成とは、会社にとってどんな意味があるのかというと、私が運送会社を経営しながら長年取り組んできたことは、社員（ドライバー）それぞれの可能性を最大限に引き出す活動である、ということです。

いいもの（能力）を持っているのに発揮できない（発揮しようとしない）のは、ドライバーの気質の一つと言っていいかもしれません。小さな会社には、なかなか完成した人材は集まってきません。粗削りではあれど、伸びしろのある人材は実際には来ているのですが、それを開花させる術が見つけにくいのです。小さな会社でも、独自の育成方法があれば、会社はいい方向に向かい始めると思うのです。

育成は、会社の存続や発展には欠かせません。存続するには「利益」が必要です。利益を得るには、売上を上げながら費用を抑えなければなりません。

特に**運送事業は、人（ドライバーなど）に委ねなくてはならないことが多い業種**です。トラック1台につき必ず1名のドライバーがいなくてはなりません。

教育と育成との違い

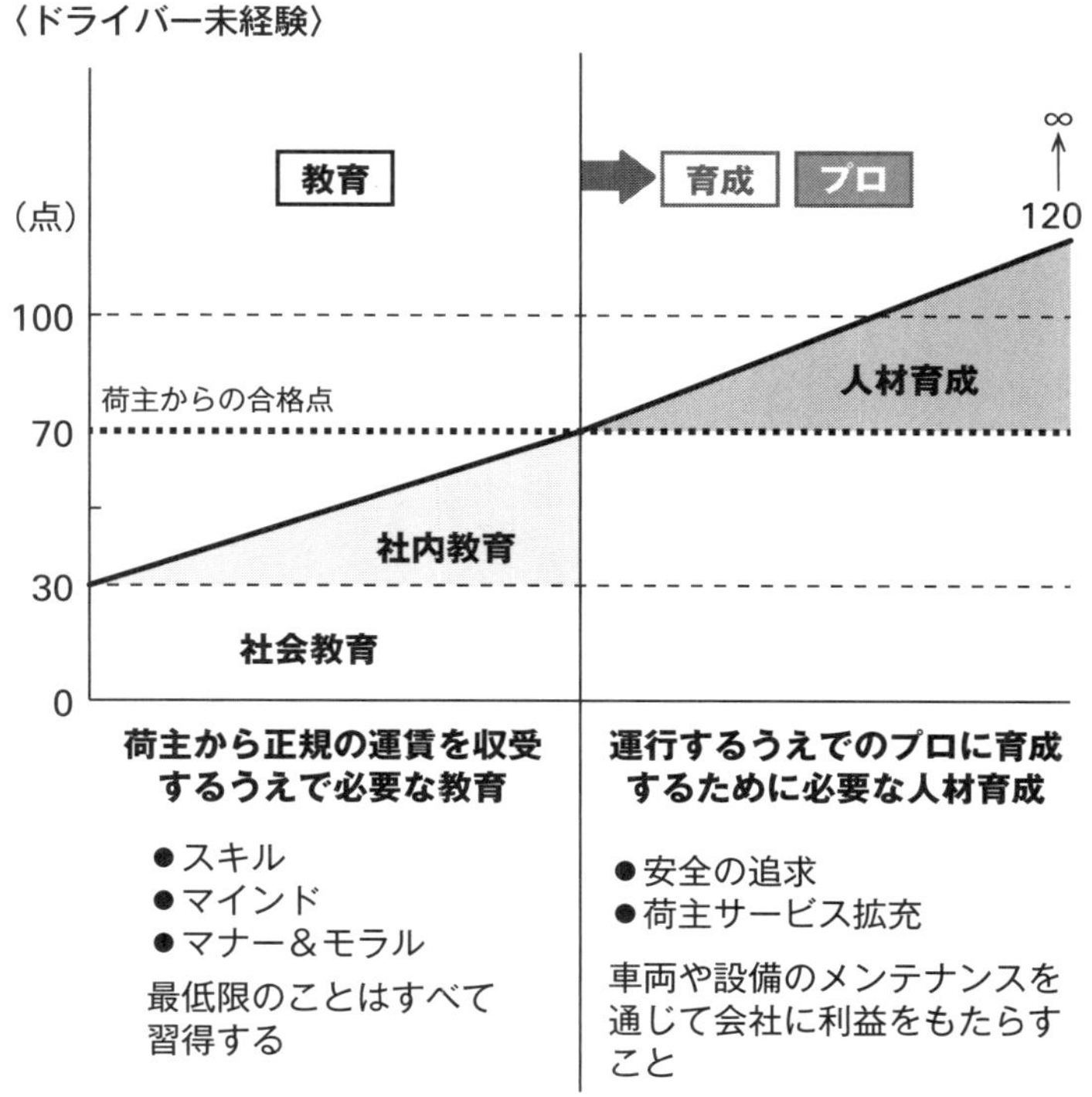
〈ドライバー未経験〉
教育
育成
プロ
∞
120
(点)
100
荷主からの合格点
70
30
0
人材育成
社内教育
社会教育
荷主から正規の運賃を収受するうえで必要な教育
●スキル
●マインド
●マナー&モラル
最低限のことはすべて習得する
運行するうえでのプロに育成するために必要な人材育成
●安全の追求
●荷主サービス拡充
車両や設備のメンテナンスを通じて会社に利益をもたらすこと

このドライバーを常に監視し続けることは不可能です。どうしてもドライバーの裁量に委ねなくては運行業務は成り立ちません。だからこそ、ドライバーの育成を真面目にやらないと、なかなか利益が出ないのです。

「育成」の大切さを考えたきっかけ

私が28歳で社長に就任した時、6名の荒くれ者のドライバーを先代から引き継ぎました。「いい会社にしよう」とする意気込みが強くなるほど空回りし、ドライバーは辞めていきました。そして、また一から新人ドライバーに教え込みますが、結局は悪しき慣習（文化）は消えておらず、新たな荒くれ者ドライバーが出来上がってしまっていました。

人が入れ替わるたびに、「教育」（荷主が運賃を支払ううえで最低限のことができるようにすること）はやり直しです。何も残りません。人が入れ替われば、またゼロからのスタートです。

この繰り返しにほとほと嫌気がさしていたころ、ふと気づいたことがあります。それは、人が入れ替わっても、**文化（ずっと続けられてきた悪しき慣習など）は変わっていないと**

いうことです。

挨拶もせず朝出勤する、荷主担当者をニックネームで呼ぶ、トラックは洗わないのに自家用車はピカピカ、制服の上着の前ボタンを閉めない、トラックの内装を装飾する、極めつけは就業時間中に賭けごとをする……などです。

いくら教え込んでも、ドライバーの退職とともに何も残らない「教育」ではなく、会社の文化を浄化していくような活動（育成）はないものか？　と真剣に考えました。そんな悩ましい日々の中で偶然出会ったのが、「全国トラックドライバー・コンテスト愛知県大会」でした。特にドライバーたちがキビキビと運行前点検競技をする姿に感動したのです。とにかく「かっこいい！」。ドライバーたちが輝いて見えたのです。

翌日、全ドライバーを招集して、全国トラックドライバー・コンテストへの取り組みを開始することを宣言しました。あとで考えると、この日が「育成への第一歩」記念日だったのです。

荒くれ者のドライバーのドラコン参戦に対する反応はとても鈍いものでしたが、このドラコンというツールを使って会社に蓄積された「育成」の成果は、計り知れないほど大きく、企業文化も、人の質も、利益率も荷主からの評価も、すべてが変わっていきました。

●なぜ、「育成」のツールがドラコンなのか

「酒井さんはなぜドラコンに取り組み続けてきたの?」とよく聞かれます。「ドラコンに取り組んだところで、会社の利益には直結しないでしょう?」ということだと思います。

正直、2001年に取り組み始めた際は、私の「育成」への理解度はゼロに等しかったと思います。漠然と「人を育てたい。適当なツールはないものか?」という程度でした。

結果はなかなか出ない、費用はかさむ、新しい選手が出ない、ドラコンをしたくない者は辞めていく……。私は挫折しかけていましたが、2008年に転機が訪れました。愛知県大会で4位に入賞する選手が現われたのです。

「ここまできたら、自分の可能性をとことん試してみたい」と言ったのは、後に4トン部門で全国優勝(2013年)を果たした当社の倉本健一でした。

そして、やらされ感のない部活動のような雰囲気が漂い始め、楽しみながら自発的に学科の勉強や点検競技の手順をグループで行なうようになり、私がハッパをかける必要など全くなくなりました。

これをきっかけに事故や違反のない、プロドライバーとしての技を極める同志の集まりが出来上がりました。このメンバーには「辞めない」「不満を言わない」「人に教えることを楽しむ」「コスト削減する」といった特徴がありました。

また、この全国優勝の原動力となったのが、現在も継続している「ナルキュウカップ」です。年に一度、全社員が愛知県の中部トラック総合研修センターに集結して行なうドラコンとリフコン、それぞれの社内ナンバーワンを決める大会です。参加選手の得点を営業所別に集計し、平均点による営業所対抗戦も併用しています。

前身は「社内ドラコン」と呼んでいたこの大会のメインテーマは、「勝ち抜いた選手がドラコン、リフコン（フォークリフト・コンテスト）の各県本戦に出られる選抜大会」です。これによって、ドライバーの負けず嫌いな感性を引っ張り出したのです。

こうした競技を通じて学んだマナーとモラルが身につくことで、企業文化が浄化され、業績アップに確実に結びつくということが、徐々に確信となっていき、「なぜ、ドラコン？」という先の質問の回答につながります。

ただし、これは、私の会社にとってドラコンという育成ツールがベストマッチしたというだけです。ドラコンがどの運送会社にもマッチするということはないでしょう。大事なのは、育成のための「最適ツール」を長期的展望に立ってチョイスし、あきらめずにとことんやりきることなのです。

私は、ここ数年間、出版活動や講演活動を通じて３００社ほどの同業者と出会いました。「自分の考えは、やはり間違ってない」と確信できたことは、成長する会社は育成のための最適ツールをそれぞれ持っているということです。

・毎日１時間行なう「朝礼」を育成ツールとする会社
・毎年恒例の創立記念日の準備、運営、演出を育成ツールとする会社
・地域の清掃活動、安全運動を育成ツールとする会社
・年一度の学芸会を長年継続して育成ツールとする会社
・経営品質賞を目指すことを育成ツールにする会社

手法はさまざまですが、共通するのは**「必ず進化し続ける」「何があっても継続」「楽しんでやっている」**、この3つです。

その結果として、社風にマッチした「必ず進化し続けることができる」人材育成法が形づくられていくでしょう。

COLUMN 1

安全教育はいつ行なうべきか？

安全教育はいつ行なうべきか。それは、１年を通じてやるべき！

でも、それは理想論だと思います。実際は、事故が増え始めた時や大きな事故が発生してしまった時、あるいは社長の気が向いた時ではないでしょうか？

危機感がある時の方が効果が出やすそうなので、①②の２つは妥当だと思われるかもしれません。しかし、私は安全教育は事故が少ない時こそ盛んにやるべきと考えます。

営業活動に置き換えてみると、理解しやすいでしょう。仕事がない時は無理な仕事や安い仕事、厄介な仕事をつかまされるリスクが高まります。心に余裕がなく、選ぶことができる状況ではないからです。

安全教育も同じです。危機感や強迫観念がドライバーを育てるかというと、そうではありません。必要なことを定期的に行なうのが安全教育である、という意識付けが安全風土を生むと思います。

事故が少ない時に安全教育をやらないのは、次の事故多発期をつくっているようなものなのです。

2章

運送・物流会社の業績を支えるドライバー育成

「義務感ではなく、目標や夢を抱きながらのびのびと働くことが生活の糧であり、人格形成の場でもある」という考えを部下に理解させながら、成長を支援することが会社の存続と発展を支えていきます。その具体的な活動である「育成」についてさらに深掘りしていきましょう。

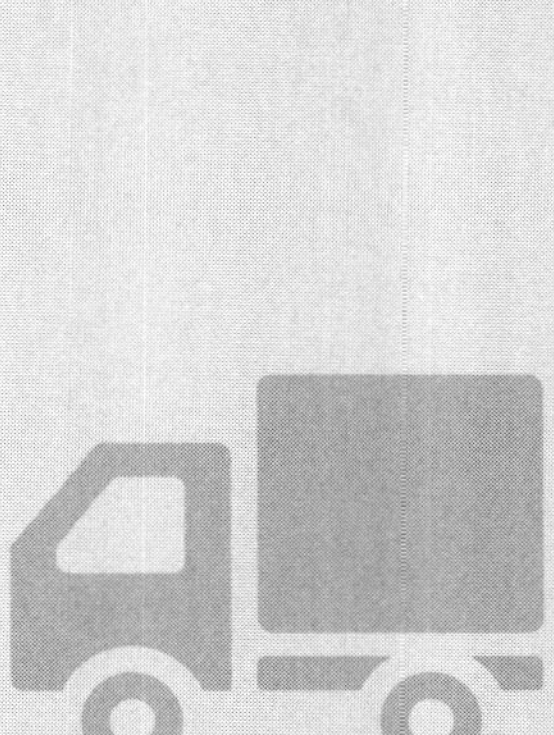

1　会社の発展は「人」が支える

●育成は会社に蓄積できる

前章でお伝えしたように、「育成」と「教育」を区別して考えるようになって、確実に人が育つようになりました。

具体的には、

・未経験ドライバーを入れても短期間でプロ化するようになった
・ドライバーが自発的に動くようになった
・欠勤や遅刻するドライバーは全くと言っていいほどいなくなった
・車両の持ちがよくなり（寿命）、燃費も大きく改善したなどです。

私がここで一番言いたいことは、**ドライバーの育成こそ、会社が果たすべき大きな役割であるということです。**

さらに言うなら、育成は企業の文化そのものを変えていく活動の一つとなり、着実に利益率も高まります。一般的に人が定着しづらいと言われる我々の業界ですが、たとえ人が入れ替わっても、自社に残っていくのが「育成の結果」であるということです。

これは、当時の私にとって大きな気づきでしたし、思い切って育成に時間とお金をかけることは、会社そのものが実力をつけていくことにつながるという確信を持つに至りました。

当社で取り組んでいる「輪止め」の徹底や、運行前点検の社内用ＤＶＤの作成とそれによる訓練、フォークリフトで荷扱いする際の「指差し確認」の徹底などは、荷主から求められたことではありません。ドライバーが入れ替わっても、会社の実力として蓄積されていることなのです。

やらされ感のない「育成」は
蓄積されていく

やらされ感をドライバーに感じさせない

↓

やらされ感のない方が吸収（習得度）が上がる

↓

本気で取り組む姿勢が、安全と利益を引き寄せる

↓

会社のためだけではなく、ドライバー自身のために行なっているというマインドが人間的成長につながる

経営者や管理者が「育成」したことは、絶対に会社に残っていくことと深く理解することが大切

●「育成」は誰のために行なうのか？

育成が会社（組織）の底力になっていくことを伝えていく中で、組織構成している「個人」にも目を向けていかなくてはなりません。拙著『運送・物流会社のための「プロドライバー」を育てる3つのルール』（同文舘出版）でも触れましたが、1人のスーパードライバーを育てることで会社がガラリと変わることもあります。

私は、中高6年間の陸上競技生活で誇れるような個人成績や記録は残せませんでしたが、全国屈指の強いチームで切磋琢磨できた幸運により、現在の私が生きるうえでの基盤やヒントのもととなる体験をすることができました。

- 全国大会のような舞台で戦ってきた仲間が途轍もない成長を遂げた姿
- 強い選手を育て上げる指導者が発する言葉（褒める、激励する、叱咤する、負けず嫌いを引き出す、慰める、あえて突き放す、愛情を注ぐなど）
- 「素質」を見抜き、開花させるプロセス
- 競技会の前にスキルとマインドを最高潮に持っていくためのトーク

これらは私が小さな運送会社からドラコン全国大会に複数のドライバーを送り込み、過去稀なる実績（4年連続国土交通大臣賞）をあげることができたことにつながっているのかもしれません。

人材を育成するうえでは、**「指導者（経営者や管理者）のため」と「自分自身のため」、この2つのバランスがとても重要**であると思います。

「指導者の喜ぶ顔が見たい」「自己の成長を成し遂げ、実績を積み上げたい」という思いのバランスです。

マラソンのゴールで、選手と監督が抱き合って喜ぶ場面を見ると、いつも「レースの最中、最も苦しい時に監督の顔が浮かんだからこそ、頑張れたんだろう」と感じます。自分を応援してくれる人のためにも頑張ろうという思いが、パワーの源だと私は思うのです。

これを企業に置き換えると、上司に対して「自分を見てくれている」「期待してくれている」「話をしっかり聞いてくれる」「応援してくれている」という思いを部下が抱くことができるかどうかで成長に差が出てきます。

●「人」が育たなければ、会社の発展はありえない

繰り返しになりますが、教育は、荷主から運賃を正当にいただくための、会社の「存続」をかけた活動です。育成も会社の「存続」のために欠かせない企業活動ですが、当然その先には「発展」を視野に入れた活動であることは言うまでもありません。

会社を発展させるためには、利益を積み上げていかなくてはなりません。事故を起こさず無駄な経費をかけずに運行できる、荷主に評価されるドライバーが利益を生み出します。結局は、人が会社を支えていることになるというわけです。

昨今では高速道路で「自動運転」の実現がすぐ先に見えてきているとも言われていますが、末端のサービスは多様化（時間指定配達やネット通販配送の増加など）しており、とにかくドライバー不足解消が運送業の大きな課題です。ドライバーを育成する以外の方法で、運送会社が手堅く会社を「発展」させるのは困難なのです。

2 ドライバーの可能性を最大限に引き出す「フィールド」の与え方

●大手で芽が出なかった未完の大器が小さな会社で花開く

我々運送業界はコンビニとほぼ同数の会社数がある、すそ野の広い業界です。そして、その90％以上が中小零細企業です。また、生涯一企業で働き続ける人が少ないのも大きな特徴の一つです。

ドライバーは特にいくつもの運送会社を転々と転職を繰り返すのが普通になっていて、履歴書にすべての職歴を書き切れないドライバーの面接を幾度も行なってきました。

大手企業で埋もれてしまい、新天地で頑張っていこうと決意して面接に来る人材に、私はとても興味があります。

元・楽天イーグルスの野村克也監督の「再生工場」のような活動です。「うちの会社で未完の大器の才能を開花させてみせよう」と、興味が湧くのです。

面接で、前職での輝かしい実績をひけらかす者に「そんなにいい会社だったら辞めなきゃよかったじゃない？」とチクリと言うと、大抵は上司との不仲を語るなど、前職場の批判が始まります。中には「自分は歯車の1つでしかないから、役割以外のことは手を出したくない」というような大企業病にかかってしまっている、やや重傷の人もいます。

自分自身もそうだったのでわかるのですが、「大企業で通用しなかったから、うちに来たんじゃないのか？」「大企業が好きになれずに、伸び悩んで飛び出してきたんでしょ？」と心の中で思いながらも、だからこそ、このような人材は、中小零細企業において宝くじを当てたくらい利用価値があると私はつくづく思います。

「フィールドを与える（活躍の場の提供）」こと。あとは生かすも殺すも本人次第だと私は考えます。種を与えても、畑がなければ収穫（作物）はできません。結果的に大きく成長した、大手企業出身のドライバーに与えたフィールドは、次のようなものでした。

・大手カーディーラーからの転職ドライバー

2001年、静岡に初の拠点となる営業所を出しました。その際、初代所長職に20代後半の実力派ドライバーを任命しました。200坪の賃貸倉庫と5台のトラックを与え、自由にやらせました。

最初は何をどうしていいかわからなかったようですが、結果として、静岡営業所は現在、1500坪の敷地に600坪の倉庫（自社物件）に、ドライバーを含め30名の従業員が働いています。その後、岡山、神奈川、茨城の立ち上げを次々にこなし、現在は統括部長として活躍してくれています。

・大手機械メーカーからの転職構内作業員

2005年、当社で初めて手掛けることとなった海外向け輸出製品の梱包をするために作業員の一人として採用した40代前半の現センター長です。私は機械メーカー時代の経験を活かすことができないかと考え、「3名で行なっている作業を2名でできるラインを提案しなさい」という課題を与えました。すると、彼は100万円の見積もりとともに機械メーカーと相談してつくり上げたライン図面を提示してくれました。

これを皮切りに作業現場の省力化を精力的に進め、毎日朝礼で報告される「収支報告（営業利益）」はほぼ黒字で、朝からモチベーションが上がっています。

この2人は、入社当時と比べればまさに別人です。フィールドを与えたことでグングン成長しました。会社に大きな利益をもたらしました。

前述した通り、教育ではない「育成」の一つが「フィールドを与える」です。ドライバーや作業員が管理職になって活躍するということだけに限定したことではありません。ドライバーにもフィールドを与えて、有能なドライバーとして退職までずっと活躍してもらうこともできます。それは、ドライバー職にプライドを芽生えさせる「プロフェッショナル」としてのフィールドです。

私は2014年5月に一般社団法人 日本トラックドライバー育成機構を発足させました。「プロドラ資格認定」をメインサービスとする現会員37社の団体です。

2016年1月に起こった軽井沢のスキーバス事故のケースもその一つですが、「教わっていないドライバー」を公道に送り出さないための「プロドラ3級」、教える側にも正しい知識を身につけてもらえる「プロドラ2級」、荷主に絶大な信頼をされ、同僚からも尊敬される「プロドラ1級」、トラックドライバー・コンテストで上位成績を目指す「プロドラプレミアムブラック」。この4段階に分けて真のプロドライバーの養成に取り組んでいます。
資格取得はドライバーのモチベーションを高めます。正しいことを身につければ、事故は遠ざかり、利益を会社に残せます。

●「知っている」→「やれる」のギャップを埋める

このプロドラ講座で目指すところは、「知っている」→「やれる」に進化させることです。この2つの間には大きなギャップがあります。このギャップを埋めるのが、まさに「育成」です（詳しくは242〜244ページ）。

現代は情報が巷に溢れかえっていて、ドライバーもSNSからはもちろん、運転中に聞いているラジオからでも豊富に情報を得ています。「知っている」レベルの情報量は多いものです。しかし、「知っていても、やれないこと」が多いのです。たとえば、大半のトラックドライバーは、十分な安全確認が事故を防ぐ一番の対策であることはよく知っています。でも安全確認がきちんとやれるドライバーは少数です。

また、バック走行時の事故が多いのが、トラック事故の特徴です。バックをできる限りしないようにすれば、バック事故は確実に減少できます。

こんな質問をドライバー会議中に問いかけました。「コンビニの駐車場に駐車する時、どのようにするのがベストだと思うか?」というものです。

・遠くても広い場所に駐車する
・防犯ビデオの映る範囲に駐車する
・出る時に前進で出られるようにバックで駐車する
・バックしなくていい場所を探して駐車する
・進入路からより近い場所に駐車する

どれも一理あり、間違いではないと思います。ここで大事なのは、「考えさせる」機会を与え、「知っている」を「やれる」に進化させるということです。これが育成です。

ちなみに、私の会社は50年以上、損害保険割引率70%を死守しています。死亡事故も体験しましたが、高齢者の信号無視の可能性もあり、自賠責保険内で賠償できたためにかろうじて維持できています。これも、私自身が「安全」「事故防止」について深く考える機会を得た結果だと思います。

3　3カ月以内の退職者は1人100万円の損失

●本当の育成は2年目が勝負

全国から数百社の同業者が集まるイベントに参加した時のことです。「入社してすぐ辞められることが多く、新入社員に教育費用をかけるリスクは高い」という声が多く聞かれました。全く同感です。

しかし、「鉄は熱いうちに打て」ということわざもあります。どうすれば早期の退職者を減らせるかと、私も頭を悩ませていました。その時、隣にいた、かねてより尊敬する社長がボソッと仰った一言がグサッと私に突き刺さりました。

「結局は、入社2年目のタイミングに、どう手を施すかなんだよな」

入社3カ月以内に辞められないようにするという関門をくぐり抜けると、次は入社2年目の離職率をいかに抑えるかという関門が待っているのです。これを成功させることは、ドライバーのレベルアップとコストダウンに確実につながります。

入社3カ月以内で退職されると、1人当たり100万円程度の損失が生じます。やっと入社2年目くらいから、入社時にかけた費用、求人、教育費用など蓄積したマイナス分を会社にもたらす利益が上回る時期に入ります。

つまり、「稼ぐドライバー」になれる時点が2年目ということです。ここで辞められるか、よりパワーアップしてもらうか、会社の命運にかかわる大事な時でもあるのです。

●同期会を開こう

私が育成の現場で突き詰めてきた成功事例の一つが「**同期会**」の開催です。多少のリスクはありますが、中途採用が主流の我が社では、入社時の研修と一緒に行なっています。

多少のリスクというのは、同期同士がSNSなどでつながるきっかけとなり、会社や上司の批判や意味のない情報交換（噂話など）により、社内がかき乱されるリスクです。

一方、同期会のメリットはというと、「辞めようと思って仲のいい同期に相談したら、必死に止めてくれた」「同期の彼が運行管理者資格取得にチャレンジすると聞いた。自分も負けたくないのでチャレンジする」「勤続10年記念の北海道旅行で同期と再会できてうれしかった」といった声がありました。

ドライバーというのは元来「寂しがりや」です。たった1人で遠距離を行き来する孤独感、話し相手もいない中で黙々と運転する焦燥感が好きで「ドライバー」になったわけではないのです。人間関係が苦手であったり、人と協調してうまく行動できなかったり、いちいち人に指図されることが嫌になったのを機に、さらに運転好きが高じて、「トラックのドライバーになろう」と気持ちが固まるのです。

そのようなドライバー気質を理解したうえで、ゆるやかな結びつき方を会社側から誘導できる手段が「同期会」と言えます。仲間がいるという認識が生まれることで、会社にとって戦力増強の期待が持てます。私の会社は全国6箇所に拠点展開しており、横のつながりを重視しているため、大きなメリットを感じてきました。

4 一人前に育った途端、離職される理由

●創業時の決意が邪魔した行く末

当社では、2001年から未経験者を積極的に採用して、育成をしてきました。この15年ほどで、どうしても腑に落ちず悩み続けてきたのが、「一人前に育った」矢先に退職届を出されてしまうことでした。経済的損失も大きいですが、精神的な落胆は計り知れません。「つらい」の一言です。

株式会社ナルキュウの前身である鳴海急送合資会社時代にいた荒くれ者ドライバーは、自分の思い通りにならないと「辞める」と言い放ち、社長を困らせ、結果的に「利得」を得るというふうに、交渉に「辞める」という切り札を使っていました。こうしたドライバーたちのやりたい放題、言いたい放題の状態を打破するため、私が社長に就任した際に公言

したのが、「辞めると言った者には、絶対に辞めてもらう」という決意でした。

しかし、荒くれ者ドライバーは容赦なく自身の都合だけで「辞める」と言っては新米社長の私を苦しめました。それでも屈せずに有言実行し、辞表を跳ね返すようなことはなく、すべて受理してきました。

それから5年程度はかかりましたが、「辞表」を印籠代わりに使うドライバーは皆、会社を去っていき、代わりに入社してきたドライバーたちが新しい会社に変貌させる立役者になってくれました。

それでも悩みは尽きません。手塩にかけて育てた、従順なドライバーの突然の退職です。この時ほど、「引き留めたい」という思いに駆られたことはありません。でも「絶対に引き留めない」という決意をどうしても覆すわけにはいきません。無念な思いを幾度も噛み締めました。

●上長はドライバーの気持ちがわかっていない

一人前になると、なぜ辞めていくのだろう？　ある時、その答えに気づく出来事がありました。それは、「上司が普段言っていること」と「上司が実際にやっていること」とのギャップに納得がいかない、ドライバーの「上司不信」が原因でした。

「いつまでも新米扱いで、自分だけ公平な配車をされていない」

入社してやっと一人前になったと私が認めた若いドライバーは、不満を打ち明けてくれました。半人前の頃は仕事を覚えるので必死で、まだ「使ってもらっている」という引け目もあり、「自己主張などできるはずもない」と押さえ込んでいた鬱憤が一気に爆発したように感じました。

上長に事情を聞いてみると、「配車に平等はない。半人前だからこそ試練を与えないと、育たない。だから、あえて苦労してもらったが、最近不満が顔に出始めた」ということでした。

こういう時こそ、社長あるいは経営陣が手を差し伸べないと、事態は好転しません。まさにトップにとっての「正念場」です。放置しておくと、せっかく独り立ちしかけている若いドライバーが辞めていくことはまず避けられないのです。

この問題の難しさは、双方が「少しずつズレている」というところです。

上長のズレは本当の意味での「愛」が足りない点です。上長本人は、与えた試練が「思いやり」と思っていても、部下である若いドライバーにとって「愛」が感じられないのであれば、苦痛でしかありません。

部下である若いドライバーのズレは、育ててもらったという感謝の思いが欠けている点です。若いドライバーは、1人で育った気になってしまいがちです。「半人前の君を育てようと、上長はよく考えていてくれたんだぞ」と諭してみたりするのですが、いくら理屈で納得させようとしても、上に立つ者の気持ちをわかってもらえないことがとても多いのです。

しかし一方で、上長も部下であるドライバーの気持ちがわかっていないものです。

私の出した結論は、お互いの思い（言い分）をぶつけさせることにより、「気づき」を与えることでした。

① 現場に2人きり（同乗）で出す

② 荷主の生の声（部下の成長度）を上長に聞いてこさせる

③ 上長には、人の好き嫌いなど私情を絡めず配車をしているか再考させる

④ 部下（ドライバー）にはしまい込んできた鬱憤を、同乗中、上長に冷静に話すように促す

さて、それぞれどんな表情で帰ってくるか、賭けでもありました。

結果としては、上長は若いドライバーの著しい成長ぶりを認めました。そして、若いドライバーは「まだまだです」と返答し、自分自身の未熟さを確認する機会となったようです。２人ともいい表情で戻ってきました。

上長は立派なドライバーに育てようと、部下に厳しさを示しますが、部下はその思いを理解できず、不満を募らせます。その原因は、お互いに「一言」が足らない場合が多いのです。

上長は「ありがとう」の言葉を心の底から発すること、部下は上司にかわいげのある態度を欠かさないことが大事だと思いますが、ここは上長が部下の目線まで降りていき、温かい声をかける必要があります。上の者が下の者を力でねじ伏せる時代ではないのです。

5 永年勤続者は本当に利益貢献しているのか

●永年勤続者が会社の文化に強い影響を与える

本項のタイトルから「長年働いて悪いのか?」「給料分働いていないとでも言いたいのか?」というような誤解をされるかもしれませんが、そういうことではないのでご安心ください。永年勤続者の大半が会社の宝だと思います。

私がここで申し上げたいのは、「利益貢献」の側面のみの話です。それ以外のあらゆる側面にはあえて触れません。また、ドライバー職に限ります。

永年勤続ドライバーが最も利益貢献していないケースとしては、手抜き仕事をドライバー本人が自認し、管理者も容認し、入社間もないドライバーに「この会社は、この程度のことでやっていけるのか」と思わせてしまうことがあげられます。

この現象が引き起こす利益損失の大きさは計り知れません。「俺は長年働いて会社に貢献してきたから、大目に見てもらっている」という考えが通用してしまうようでは、おそらく永年勤続ドライバーが利益貢献どころか、会社に損失を負わせている可能性が高いのです。

そこで提起したいのが、**「永年勤続ドライバーは、後輩たちの手本でい続けられるか？」**ということです。長く働いてきた事実よりも、長く手本となるドライバーであるという事実に対して報酬を支払うべきであると、私は常日頃から考えています。

車両のメンテナンスも、燃費も、高速道路使用も、そして残業の稼ぎ具合も、永年勤続者の真似をしてしまう後輩ができるのは仕方のないことです。まずは、永年勤続者の姿勢を正すことが大事です。

●永年勤続者への正しい報い方

私の会社にも長年苦楽を共にしてきた、15年以上の勤続者が数人います。会社に居心地のよさを感じてくれ、長く会社を愛してくれる気持ちには深い感謝の念を持っているのですが、どうしても楽をする術を覚えてしまっていることが気になっています。

経営者である私もつい甘やかしてしまい、時には見て見ぬ振りをしてしまう弱さは否定できません。甘えを許すことは簡単なのですが、初心に返らせ、再び「やる気」にさせるのは簡単なことではありませんし、それが会社の伸び悩みを打破する近道であることを十分わかっている経営者は多いのではないでしょうか。

永年勤続者の功績に報いながら、最前線の戦力に戻ってもらうことはできないのでしょうか?

私が営業所展開をする一つの目的が、「人事異動」です。マンネリ化や伸び悩み、新しいフィールドを与えるのに、異動は時に絶大な効果を発揮します。時にはドライバーを異動させることもあります。

私の会社には半年間のドライバーの「**留学制度**」があります。過去に、7名のドライバーが他の営業所に留学し、一回り成長して元の営業所に戻ってきました。

留学の条件は、

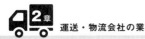

①期間は半年間のみ
②給与は、単身生活の援助金も含めて総額50万円（通常の給与計算をした後、不足分をボーナスとして支給するやり方）
③どんな運行も「ノー」はなし
④運行管理者試験の受験義務

以上の４点です。

この制度に抜擢されたドライバーの多くは、現在の最前線の戦力として活躍してくれています。特に②は、マンネリ化しつつあるドライバーにはいい刺激になるようです。

費用対効果を当初は心配していましたが、「再度成長の機会を与える」という意味で大成功だったと自負しています。問題ドライバーを模範ドライバーに転身させた事例もあるほどです。

6 社内教育の甘えを排除させる社外教育の効用

●ドライバーは内弁慶にしてはいけない

社内で安全教育をすれば、講師も自前の社員でコストがかからず、和やかなムードで進行していくでしょう。しかし、緊張感や取り組みへのひたむきさにはどうしても欠けてしまうのではないでしょうか。

実は、自前の社内教育は経営者の自己満足で、費用対効果が最悪であることが多いように思います。なぜ最悪かというと、**間違っていることを平気で教えてしまっており、「声の大きい者」の言うことに影響を受ける傾向が強い**からです。

たとえば、仮にフォークリフトの事故が連続していて、再発防止の社内教育を行なったとします。事故の分析をする中で、ドライバー各々の意見を出させるのですが、真因に近づく発言がなかなか出ない場面で、声の大きい古株のドライバーが持論を展開してしまえば、他の者は黙ってしまいます。余程レベルの高い管理者でもいればいいのですが、そうでなければ古株ドライバーの持論が通ってしまうのです。

フォークリフトに乗っての実演ともなると、基本を怠る小手先の操作テクニックを披露し、「俺はうまいだろう」と、自己陶酔してしまうドライバーを数多く見てきました。経験の浅いドライバーがそれを真似すると、大抵はミスをして事故となるのがオチです。

こういった傾向がある職場では、古株ドライバーが内弁慶になっているケースがほとんどです。平気で間違ったことを教える先輩ドライバーが多くおり、結局は何が正しいのかが「闇の中」状態になってしまっているのです。

社内の安全講習などがマンネリ化していたり、教える側の管理者が手詰まり状態や教えることに自信を持てなくなっている時に、往々にして事故やミスが連発します。こういう場合は、社外の外部講習や研修会に送り込むことがとても有効となります。外部から手を差し伸べないと、さらに状況が悪化するという傾向があるからなのです。

●外部講習への派遣の3つの効果

外部講習はかかるコスト（「○○講習1日コース　○○円」など）が明確にわかっている分、効果を上げなくてはならないというプレッシャーが、管理者側に生じます。また、そのプレッシャーは、講習会に実際に行くドライバーにものしかかってきます。

外部講習の1つ目の効果が、この「**プレッシャー**」です。プレッシャーをかけることがなぜ効果的なのか、疑問に思われるかもしれません。

外部講習では育成にかける費用対効果を明確にするため、レポートの提出や上長への報告義務を課すことが多いようです。これは社内講習などでは体感させづらいことなので、いい刺激をドライバーに与える効果があります。

そして、2つ目の効果が、「**社外のドライバーとの交流**」です。ドライバー本来の気質である「負けず嫌い」が発揮される期待ができ、ドライバーの成長のきっかけに十分なりえます。

仮に「お山の大将」のように社内で居場所があるドライバーでも、社外ではそういかきません。講習中の課題に対して、他のドライバーにできて、自分にできない場面も出てきます。それが自分を見つめ直す機会になり、成長の機会につながっていくのです。

最後に3つ目の効果が、**「正しい知識を自社に持ち帰る」**機会になることです。

間違ったことを長年にわたり社内で共有していることは往々にしてあります。たとえば、我々JTDO（一般社団法人 日本ドライバー育成機構）が外部に向けて行なっているプロドラ認定講座の中で、「キープレフト」について間違えて解釈していたドライバーが、「今まで車線の左を走るのが正しいと教えられていました。これでは確かに、右折する時に大幅な進路変更になる危険があるので、機構で教えてもらった通り、車線の中央を走行するのがベストだと理解できました」という声がありました。

ドライバーを社外の講習（対外試合）に出させて、成長の機会とそのスピードを早めさせることは、会社にとってとても有益なアクションになります。事業計画の一つに加えるといいでしょう。

COLUMN 2　事故が多い月・金曜日の声かけ

私の会社では、事故発生の統計上、月曜日・金曜日に多発しています。なぜでしょうか？

月曜日は休み気分が抜けないから？　金曜日は疲れがたまって集中力が欠落するから？

原因がわかれば、打ち手も見つかりますが、私は、安易に原因を特定しない方がいいと思っています。

週明けから日勤者がつくった製品が山積みされているとテンションが下がる、あとちょっと頑張れば楽しい週末がやってくると雑念が頭に浮かんだ瞬間に事故を起こしてしまった……など、本当の心理は本人だけが心にしまっているケースも多いように思います。

だからこそ、「いい声かけ」が一番効果的なのです。月曜日は心のスイッチをONする声かけ。金曜日は持久力を湧き出させる声かけ。

私の場合、月曜日と金曜日は「朝起きたら、会社に直行する」と決めています。新聞も見ず、朝食も家では取らず、日が昇っていなくても、とりあえず会社に向かうようにしています。そして、点呼に立ち会い、声をかけています。

狙いは、マンネリを防ぐこと。「今日は社長早いね。どうしたの？」と感じてもらうだけで、少し緊張感が生まれるのではないでしょうか。これだけのことですが、取り組み前から比べると、事故が33%減少しました。

3章

ドライバー気質を生かす5つのステップ

経営者として、管理者として立場の違いはありますが、まずは、ドライバー気質をよく理解することが業績を伸ばすうえでとても大事なことと考えています。また、「今どきの子」も出現しています。ここも理解しないと高齢ドライバーしか居つかない運送会社となってしまい、会社の未来は閉ざされてしまいます。本章では、ドライバー気質を生かして育成する方法を5つのステップで述べていきます。

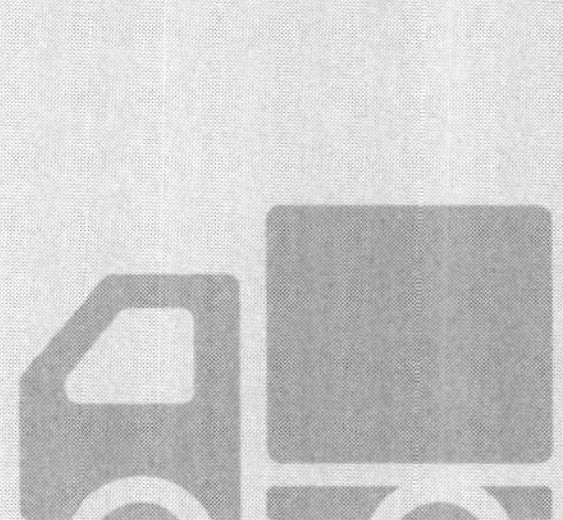

STEP ① 1 なぜドライバーになろうとしたかを理解する

●ドライバーが「居つく」会社の特徴とは

昨今、「人手が足りない」「募集しても人が来ない」という同業者の嘆きの声をよく耳にします。しかし、「うちは困っていない。ドライバーは辞めないし、募集すればいつでも応募がある」という人材豊富な会社も確かにあります。

都合のいい運行だけを自社で実輸送し、厄介な仕事は下請けに振ることで調整を図り、人手が足りているというケースもあるのかもしれませんが、人手に困っていない会社の多くは、真の意味で「ドライバーが居ついている」のです。

その背景には、ドライバーの気質を理解する優秀な管理者がいて、うまくドライバー管理がされているのです。

当社においても、同じ待遇と仕事内容でも、ドライバーの定着率が営業所によって全く異なります。やはり、営業所長の力量に起因するのだと思います。

●ドライバーになろうとした「動機」を知る効用とは

優秀な管理者の特徴として、「なぜドライバーになろうとしたか」をよく理解しているということがあげられます。原点を知っているからこそ、「ここぞ」という時の声のかけ方が違ってくるのです。

ドライバーになろうとした動機はさまざまです。一昔前は、ドライバーになりたい人の動機は、主に以下の3つでした。

- **稼げる職種の代表がトラックドライバー**
- **自分のペースで管理されることなく、1日が過ごせる**
- **小さい時からクルマ好き。トラックの運転に憧れていた**

しかし、今は事情が異なり、

・割に合わない（稼げない）
・ドライブレコーダーやデジタルタコメーターで管理され、GPSで居場所も管理されている
・クルマには興味がなく、スマホやゲームにお金をかける

これだけ事情は変わっています。こうした現状に適応できない会社が生き残るのは困難である、というのは当然かもしれません。

一方、「辞める動機」は、概ね以下の3つに絞られます。

・他にもっといい条件で働けるところが見つかったから
・上司とウマが合わないから
・今より大きなトラックに乗ってみたいから

しかし、これらは表向きの理由で、結局は「居心地の悪さ」だと私は理解しています。居心地がよければ、そうは辞めていくものではないと思うのです。

なんとなく居心地のよさを求めてドライバーになった彼らを捕まえて、離さない運送会社が結局は生き残れるのです。

居心地のよさと悪さ

よい

- 車両の修理・修繕を素早く行なってくれる
- 給与体系がわかりやすく、計算に誤りがない
- 方針がはっきりしている
- ルールの総数が増えない（必要に応じて選別している）
- 事故のペナルティが重くない　　　　　など

悪い

- ドライバーと事務所との風通しが悪い（隠し事が多い）
- 上長が定まらない（配置転換が多い）
- 社長との距離感を感じる
- 方針がコロコロ変わる
- 配車に公平感がない
- 経営者が「事故はすべてヒューマンエラー」と考えている

など

STEP② 長時間労働を労う声かけをする

●長時間労働の真因とは何か？

２０１５年12月から、従業員が50名以上在籍するすべての会社に、ストレスチェックが義務づけられることになりました。

このストレスチェック制度は、定期的に労働者のストレスの状況について検査を行ない、本人にその結果を通知して自らのストレスの状況について気づきを促し、個人のメンタルヘルス不調のリスクを低減させるとともに、検査結果を集団的に分析し、職場環境の改善につなげる取り組みです。

事務職に比べれば、ドライバー職は外の空気が吸え、気も紛れるため、メンタルヘルスを崩しにくいように思われるかもしれません。しかし、長時間労働が起因して睡眠障害になりやすい点から、メンタルヘルス不調のリスクが高い職種と考えられています。

長時間労働の背景はさまざまです。業務によっては乗車時間より待ち時間の方が長い運行業務もあります。長時間拘束される運行のほとんどが荷主や受入れ先都合であるケースです。荷下ろしスペースの都合や検品作業に時間を要することが起因しています。この問題は、荷主の理解なくしては前に進まないものです。

しかし、一番大きな、そして解決のしづらい問題は、**ドライバー自身が長時間労働になるよう仕向けている**という問題です。長時間働かないと、生活給に満たないためです。ドライバーには「そんなことはしていない」と言われそうですが、意外と見落としがちなことであり、軽視できない問題です。

これはドライバーの給与体系が時給計算のケースに多いことですが、わざと遠回りしても、途中で休憩を多めに取っても給与に反映されるため、結果的に長時間労働になるということです。

●声かけ効果は絶大

ドライバー自身が納得しているとはいえ、やはり長時間労働は心が荒んできます。私はそんなドライバーへの声かけを工夫するようにしています。

効果的な声かけとして、「お疲れ様。何か異常なことあったか？」「何か聞いておいた方がいいことはないか？」などがオーソドックスです。いかにも「大変だった！」ということを身体いっぱい、表情いっぱいで表現してくるドライバーには、「本当に大変だったな。ありがとう、ご苦労様」と、上辺だけではない感謝の気持ちを十分に言葉にします（ただし、言いすぎたがために「待遇が悪い」「設備に不足がある」などの要望が出始めるとキリがなくなるので注意したいものです）。

本当に苦労して長時間労働になってしまっているドライバーには、「ありがとう」という感謝の言葉とともに、１日の苦労話をじっくり聞いてあげることが一番の労いだと思います。

逆に、最もよくないのが「早かったな」です。残業代稼ぎの意識があるドライバーにとっては、「この管理者は全然わかってないな」と、管理者を馬鹿にする材料になります。

その他、管理者がしてはいけない声かけとして、

「お前が帰ってくるまで帰れないんだ（仕方なく待っていた。遅いな！）」

「何していたんだ？　遅かったじゃないか？（本当に苦労してきたドライバーには酷）」

「ドライバーを待つ身のこちらもつらいんだよ（「じゃあ、ドライバーやってみれば」と反感を持たれてしまう）

声かけの真意は、「ご機嫌取り」ではなく「労う」ことです。「うちの上司は俺たちドライバーの苦労をわかってくれている」と捉えてもらえる声かけをしたいものです。

3 STEP③ 小さな目標を立てさせて、持続的にやる気にさせる

●ドライバーの印象に残す「演出」

ドライバーの「やる気を引き出す」ことを持続的に行なうのは、とても難しいことのように考えられています。実際に簡単なことではありませんし、飽き性で、その日暮らし感覚のドライバーに「やる気」を引き出させるのは特に骨が折れます。しかし、方法が全くないわけではありません。

「そんな方法ありますか?」とドライバーを束ねるのに苦労が絶えない管理者に時折相談を受けますが、私は「なくはないが『条件』がある」と返答しています。

先日、その一つを実践してみたところ、意外とドライバーたちの感性に突き刺さったよ

うでしたので、ご紹介しましょう。

それは、「安全スローガンのリニューアル」の際の出来事です。

「『地切り』はリフトUPで行ない指差し確認　ティルトUPは『地切り』後1m後退してから行なう」というリニューアルされたフォークリフト操作に関する毎日の唱和項目（120ページ参照）をA4用紙に印刷して掲示し、それを見ながら4人のドライバーと一緒に初唱和しました。

ポイントはこの後です。私はこの用紙を隠したうえで、ムードメーカー的な存在の若いドライバーに唱和するように促しました。四苦八苦する彼の姿に皆、大笑いでしたが、それでもなんとか8割くらいは思い出し、唱和してくれました。早朝でしたが、皆、腹の底から笑いました。


ドライバーにとって、こういった演出（条件）が実は効果的なのです。そもそもドライバーになるような気質の者は型にハメられるのが嫌いで、おそらく就学時代は「規則」や「きまり」に背いてきた者が多いはずです。そんな彼らに「ルールを守れ」「マニュアルに従え」と言っても、素直に聞き入れる方が稀です。ですから、「演出」が必要なのです。

その朝礼終了直後、そっと現場に覗きに行くと、唱和の通りに真面目にやってくれていました。

経験上、こういった方法はやる気を起こさせるのに効果的です。「やらされ感」が強くないからです。

「演出」といっても、難しいトークは必要ありません。

「やればできるじゃん！」「さすが！」「やってくれたんだ、ありがとう」

このように単純な一言でいいのです。うまく「乗せてやる」ことで、自ら行動するように促すのです。

この一言があるかどうかで「育ち具合」に変化が出てきます。ぜひ、実践してみてください。

4 STEP④ 家族を巻き込む

●ドライバーは寂しがり屋が多い

ドライバーの気質の一つに「寂しがり屋」があります。たった1人で、トラックのキャビンで1日過ごす仕事を選んだドライバーは、孤独好きのように思われるかもしれませんが、それは意外に少数派です。実際は**「誰かと関わっていたい」「かまってもらいたい」ドライバーはとても多い**のです。

独り者のドライバーが少なくない昨今ではありますが、特にドライバーが家族愛に恵まれ、生き生き働く姿はとても輝いて見えます。そこで、家族に向けた2つの活動の紹介です。

1つ目は、**年間チーム目標を入れたポロシャツ**を作成する活動です。ドライバーだけでなく、家族が洗濯をする際に嫌でも年間チーム目標が目に入ってきます。

これは、年1回の全社行事「ナルキュウカップ」で、初めて「安全マネジメント大会」を同時開催した時に出されたアイデアです。

安全のスローガンをドライバーリーダーを中心に営業所単位で決めてもらい、横断幕を作成しました。

ナルキュウカップは、社内の技能選手権です。運転技能（トラックドライバー・コンテスト前哨戦）、フォークリフト技能を営業所対抗で競う大会で、最大の目的は「事故撲滅」です。また、「輪（和）」の醸成にもつながっています。

以前は家族も呼んで、会社の雰囲気や家族の活躍ぶりを披露していましたが、結局、うまく定着しませんでした。愛知県での開催ということもあり、各営業所の家族を招待することが困難だったからです。

そこで考えたのが、営業所ごとに掲げた安全マネジメントのスローガンをポロシャツの背中にプリントすることでした。照れくささなどの抵抗感から着てくれない者も少数いましたが、会社ではなく自分たちが決めたスローガンなので、うまく定着しました。何より

安全のスローガンを入れたポロシャツ

6営業所それぞれの個性が光るスローガン

も社員の家族にメッセージを送りたかったのです。

その結果、事故件数を前年度の3分の2に抑えることができました。

家族に関心を持ってもらいつつ、「お父さん、お母さん、息子、娘が頑張ってるな」といった家族愛がドライバーのやる気につながった結果だと思っています。

もう1つは、年1回の安全祈願祭で祈禱してもらう**安全旗への、家族による寄せ書き**です(詳しくは4章9項)。

当初は、「俺が帰る頃には子供たちは寝てるよ。まいったなあ」「もう、うちの子も大きいから、書いてくれるかどうか」「俺は独り者だからどうすればいいの？」と、家族に書いてもらうことをためらうドライバーも多く、心配の多いスタートでした。

しかし、予想以上にご家族には快く引き受けていただけ、自分の家族が記入してくれた安全旗を少し照れくさそうに持ってきた時のドライバーの表情は、どこか誇らしげでもありました。

年々、その寄せ書きはイラストを盛り込んだり、家族愛が溢れるメッセージが増えたりと、工夫されるようになり、最近では目を見張るような大作も出てきました。

さらに２０１６年は優秀な書き込みに「感謝状と賞品」を出すことにしました。各営業所から２作品ずつエントリーさせ、６営業所×２＝12作品に絞り、全員で投票しました。

選ばれた家族はとても喜んでくれました。何より、家族が褒められた社員自身がとてもうれしそうで、思った以上に盛り上がりました。

5 STEP⑤ 本当は寂しがりなドライバーへのアプローチ法

●ドライバーの心を捉えてやる気を引き出す

トラックドライバーというと、一匹オオカミで頑固者。孤独をこよなく愛するようなイメージを持たれているかもしれません。しかし、前項でも述べたように、トラックドライバーは意外に寂しがりです。なんとなく人間関係に疲れてしまっていたり、苦手意識があるためにトラックのキャビン内の居心地がよくなってしまうのです。また、長距離運行などでは、ほとんどの時間は人と話すことがないので、人恋しくなってしまうようです。

軽く声かけしたつもりが、延々と話し始めて止まらなくなるドライバーは少なくありません。それを心得て寂しがりのドライバーにアプローチすると、信頼関係が築けることができるケースが多いようです。

私が現場を直に預かっていた時期は、ドライバーが一番寂しがる時間や休憩のタイミングを見計らって携帯に電話をし、「どうだ？　順調か？」と月に一度くらいのペースでアプローチしていました。

「何かあったら、いつでも電話してきていいぞ！」と最後に声をかけます。「心配してくれているんだな」と思ってもらえた時は、ドライバーとの信頼関係が築け、ドライバーのやる気が湧き起こる瞬間です。

●「労働環境改善委員会」設置開催

経営者も管理者もそうですが、ドライバーとして現場に出ていたことがあれば、ドライバーの気持ちはある程度、理解できていると思います。ドライバーの話を聞けば、現場の情景もすぐに頭に浮かび、ドライバーの心を打つ言葉や苦労を理解する労いの言葉を発することもできるのですが、現場から離れてしまった分、理解が浅くなってしまいがちです。

夕方は管理者も翌日の配車などで多忙なため、なかなかドライバーの話をじっくり聞いてやることもできません。仮に聞いてやったとしても、愚痴や不満や目先の自己利益を求めるような話も多く、落胆することも少なくありません。

建設的な意見を出し合いながらドライバーの心の隙間を埋められるような、前向きな者の集まりができないものかと以前から考えていました。

そこで当社では、私の提案により2015年の9月から、隔月で「**労働環境改善委員会**」を社内で開催することにしました。

茨城県ひたちなか市、神奈川県平塚市、静岡県磐田市、愛知県大府市、三重県四日市市、岡山県瀬戸内市に置く営業所の所長と所長が選んだドライバー、部長職、次長職、そして社長である私が出席して開催します。

テーマは「ドライバーの労働環境をいかに向上させるか?」です。総勢15名がテレビ会議を介して2時間ぐらい意見を交わします。

ところが、私のこの会に臨む趣旨はなかなか理解してもらえません。「新しい平シートを買ってほしい」「お湯が出る洗車機にしてほしい」「飲み会の費用を補助してほしい」「防寒着のズボンを支給してほしい」といった目先の要求がどんどん出てきます。経営者としてはつらい時間です。

私は「わかった。できることは次回（2カ月後）までに要求を実施済みとするか、あるいは検討結果を回答する。交換条件とは言わないが、俺の話も聞いてくれ」と言い、私の立場からの要求を提示しました。

・血圧計で血圧を測定し、毎日健康チェックをしてほしい（ドライバー自身のため60%、会社のため40%であることを理解させた）
・朝礼に積極的に参加してほしい。そして月に1回、テレビ会議システムを活用した全体朝礼を始めたい
・ドライブレコーダーを導入させてもらいたい
・絶対に事故を起こさないという強いマインドを持ってもらいたい

以上のお願いをして、第3回目を終了しました。

ドライバーたちは、この委員会開催前はタバコを喫煙所で吸いながら、参加指名されたドライバーに「要望」をしっかり伝えます。そして、委員会終了後はその結果を心待ちにしているようです。

ただ、あまりに期待を裏切る結果では、ドライバーの興味を損ねてしまうので、3割受け入れて、7割は先延ばしにするか却下するようにしています。

実は、「この委員会に第2回目はない！」と言い切ったドライバーが、第1回の参加者の中にいました。その真意は、おそらく「これだけ会社に目先の要求ばかりして、会社側が受け入れるはずがないから」だと思います。

私は意地もあり、ドライバー個人の利益ではない建設的な要求は、第2回開催前に大方、実施・実現しました。具体的には、大型車平シートの新調、構内荷捌きヤードの夜間照明タイマー設置、朝礼での社長や所長、管理者の発言を紙に落とし、毎日ファックスで配信するといったことを有言実行しました。

すると、「この委員会に第2回目はない！」と発言したドライバーが、第3回目に参加してくれました。そして、ドライブレコーダーの設置へ理解を示す前向きな発言を残してくれたのです。

この委員会が後々どんな結末を迎えるかは定かではありません。ドライバーの地位を向上させるとか、ドライバーの立場を尊重するとか、ドライバーを大事にするとか、「ドライバー不足」の時期に飛び交いがちな言葉は、しっかりとした展望のもとにじっくりやっていかないと、結局はドライバーを蔑む結果となるような気がするのです。

つまり、人とつながるのが億劫で、人付き合いが下手で、言葉足らずで、自分さえよければいいといったドライバーをつくらないようにするための「しかけ」が、これからの運送会社には必要ではないかということです。

この活動は継続してこそ成果が出始めることですし、何と言っても最大の狙いは、**時代背景とともに変化するドライバーの気質をしっかり理解していくための管理者や経営者の学びの場**にしていくことです。

加えて、ドライバーの定着や安全意識の向上、チーム単位で動けるドライバー集団をつくる礎にもなるはずです。

COLUMN 3 荷主が求める３つの現場力

荷主は効率性と安全性を重視します。安全性といってもドライバーのではありません。製品そのものか、事業所内、あるいは客先内での安全性です。

以前、荷主の客先の大きな工場内でドライバーが荷台から飛び降りる際に足首をひねって骨折してしまいました。ドライバーはとりあえず、次の納品先への到着が遅れることを荷主に連絡したところ、「とにかくその工場を出てから、病院に行ってくれ」という指示でした。

このドライバーは荷主からとても感謝されました。なぜなら、馬鹿正直に客先内で応急治療を受けようものなら、下手をすると取引停止につながりかねないからです。

荷主は理不尽なものです。積み込みをする際など、安全重視と言いながら、慎重にやっているとクレームが入ります。安全であっても、効率的でないからです。

ここでの、荷主が求める３つの現場力とは、

①荷主の要求通りに荷を扱う力……我流は好まれない。荷主の主張を受け入れる柔軟性。

②準備（段取り）と念入りの荷締めは積み下ろしヤード以外で行なう効率重視の現場力……積んだらさっさと出て行くということ。

③とっさの判断力……基準は、客先に迷惑をかけない選択ができること。言葉で「ドライバーさんの安全が一番」と言ってくれても甘んじず判断すべき。

賛否両論あるとは思いますが、最終工程である納品ということが軽視されている現状は否めないように感じます。

4章 ドライバーに達成感を与える風土づくり

経営者は、ドライバー気質をしっかり理解して、業績を伸ばしていく必要があります。まずは離職率を抑えるために、ドライバーの「ご機嫌取り」ではなく、ドライバーのパフォーマンスを引き出す風土づくりに効率よく時間と経費をかけていく方法について述べていきます。

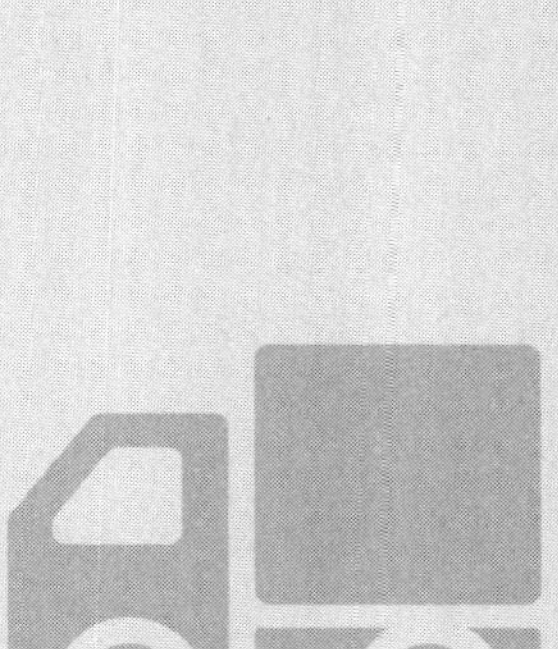

1 ちゃんとした会社とうるさい会社をドライバーは3日で見抜く

●ポイントは3年以上勤めているかどうか

転職を繰り返すようなドライバーは、いろいろな職場を転々としているうちに、すぐに新しい職場の雰囲気や風土を読み取ります。ルールに対する取り組み度合いや徹底度、人をどの程度の扱いをするか、管理職の権限の高さと範囲、そして、**どの程度手を抜いてもやっていけるか**といった空気を読み取るのです。

ここで「繰り返す」の程度を断っておきます。私は、一度入社して3年以上続いた職場が複数あれば「職場を転々とするドライバー」とは呼びません（Aドライバー）。3年以上の職場が1つもないドライバーは現実に多くいます（Bドライバー）。

転職を繰り返しているBドライバーの多くは、堅苦しいことはより少なく、より多くの稼ぎが得られれば、なおさらいいと考えるのです。転職を繰り返すことで、求職側（ドライバー）にも求人側（会社）にも生み出されるものは多くはありません。

「経験者優遇」と書かれた求人広告をよく見かけますが、同じ経験者でもAドライバー（3年以上の職場が複数ある）とBドライバー（3年以下の職場のみ）とは分けて考えるべきです。3カ月で退職すれば、会社側は100万円の損失、求職者であるドライバーは求職活動のやり直し、お互いが時間と経費のロスを繰り返してしまうのです。

しかし、少数派ではありますが、「ラクして稼ぎたい」ではなく、**「当たり前のことをきちんとこなし、プロでありたい」**というドライバーもいます。当然、前者よりも会社に利益をもたらすのが、このタイプです。会社の姿勢がちゃんとしていないと結局長続きもしないし、嫌な思いをさせられることも経験上よく知っているドライバーとも言えます。

つまり、**プロ意識のある利益をもたらすようなドライバーは会社の姿勢を3日で見抜きます。**居つくか、見切りをつけて3カ月以内でやめてしまうかは、会社の姿勢次第であるということです。

●事故やミスが起きた後の対処でドライバーは会社の真価を見極める

それでは、「ちゃんとした」会社と「うるさいだけの」会社との違いは何でしょうか？ ちゃんとした会社では社員からの満足感が高く、うるさいだけの会社には社員からの不満が充満しています。

ルールの徹底の仕方一つ見れば、おおよそのことがわかります。たとえば、事故やミスが起きた時の対応を見てみましょう。

ルールづくり

・A社……きっちり分析したうえで、新しいルールが本当に必要か精査する会社
・B社……ドライバーを締めつけるような、的の外れた新しいルールが問答無用でつくられる会社

ルールの運用

・A社……現場の声を常に聞き取りしながら、会社のしくみそのものに問題がないかを検証している

・B社……ルールはとにかく守れ！　事故やミスはヒューマンエラーがほとんどで、ルールを守っていないから起きると考えている

普段の運行管理

・A社……帰社してすぐにドライブレコーダーを解析して、コンビニなどで休憩する必要が本当にあったのかを追及する運行管理者がおり、ドライバーからは厳しい管理職として権威も持っている
・B社……適当に時間を潰して帰ってきたドライバーに、運行管理者が「早かったな、さすが◯◯くん」などと言ってしまう。管理職が舐められている

これらの事例は、トップである経営者が、ちゃんと会社の指針を示していないことが原因となって引き起こされる現象です。

もう10年以上前のことですが、あるJR系の大手バス会社を退職する予定の30代後半の男性がトヨタ系の大型定時運行便に応募してきました。その時に感じたのは「人を乗せて運行するプレッシャーから、モノを運ぶ運送業で気楽に働きたい」という動機で我が社の

門を叩いてきたということです。

1時間以上、条件面に始まり、有給取得や賞与、退職金、事故発生時の罰則、そして将来展望などについて私もしっかりと向き合って応対しました。それは、我が社が成長していくために必要な「ちゃんとしていないところ」を気づかされる場面が多かったから、向き合うことができたのです。

大きい会社からの応募者は、往々にして小さな会社を小馬鹿にするような発言が見られます。大きい、小さいではなく、進んでいること、遅れていることの違いを真摯に受け止める姿勢が「会社を発展させたい経営者」には必要だと感じています。


結論から言うと、大手から転職してきたバスドライバーは早々に退職してしまいました。しかし、得た教訓は数多くありました。

「制服着用の徹底もできていないんですか?」「こんな配車で拘束時間は超えないんですか?」「有給は、半日単位で取得できないんですか?」「明日の配車は明日にならないと教えてもらえないなんて心の準備ができません。おかしい」といったものでした。

いちいち頭にカチンとくることばかりでしたが、もっともだとも思える発言も多く、即日即決で改善させました。

ご紹介した事例は事故やミスが起きた後の対処ではありませんが、ドライバーたちは、事故後のドライバーと会社側とのやりとりをＳＮＳなどを通じて興味深く眺めています。自分が同じようなミスや事故を起こすとどういう仕打ちを受けるのか？　会社はどのようなやり方で再発防止に取り組むのか？　荷主に対するケアは？　荷主との今後の取引に影響が出ないか？

ドライバーだけを責めて一方的に罰金などを課すような処置は、先々意外と大きな波紋をもたらすことにつながるため、対処はより慎重に行なうべきでしょう。

社長の目指す一流とは、大手の真似をすることですか？

先の事例は、ＩＳＯ９０００１の認証取得に向けたキックオフや、ドラコンに参戦し始めた２０００年頃のことでした。当時、私は配車係からも非難されました。「社長の目指す一流というのは、大手の真似をするということですか？」というような意見でした。

私はその時、

・正しいこと（やるべきこと）と自社の実態とのギャップを真摯に受け止めよう
・大手を見習うのではなく、大手ではできない中小企業の強みをもっと拾い上げよう（気づいていない自社の強み）

と、配車係に説きました。

そして、実際に「中小企業ならではの活動を通じて一流を目指す」ということを社内に理解してもらうための活動を始めました。

・事故やミス、クレームが起きた時に「ヒューマンエラー」と決めつけず、トップ自らが現場に出向いて検証して回った
・現場を知り尽くした添乗指導員の養成（養成ツールとしてドラコンを活用した）
・社長直筆のバースデーカードをパート、アルバイトも含めた全社員に贈った（部下に関心を持って接していないと何も書けない）
・米国タコマ市に、私が将来目指したい、働く人にフォーカスした中規模の運送会社を見

つけ、「人を生かすしくみづくり」を行なうプロセスの一つとして、当時の管理者と7名で企業視察に出向いた（一見、大企業がする活動のように思われるかもしれないが、基本、自費参加とし、将来、成果が出た時点で旅費に代わる報酬を与える対応をした）

結果として、私は以下のようなことを学びました。

①事故やミスが起きた時に、まず会社の「しくみ」ができていないことに原因を探る会社はいい

②逆に事故やミスが起きた原因は人にあり、「ヒューマンエラーである」と決めつける会社は、うるさいだけで会社としての「しくみ」ができていないことが多い

③「高速利用抑制制度」は、本来利用すべき高速道路を使わずに料金を節約させて一部を手当として還元する制度。安全を犠牲にした、ドライバーの命（安全）を軽視している制度だけにやめるべき

④ドライバーがドライバーを教えるのは、本来の添乗指導ではない。添乗指導員を養成し、やらなくてはならないことは嫌われ者になってもやらせる義務を持たせる

⑤ 大手ではできない中小企業ならではの強みは、トップである社長の声がドライバー一人ひとりに届くこと。ドライバーとの距離感を縮める努力をする

これら5つの改善による変化を、いいドライバーほどよく見ています。ちゃんとした会社には、ちゃんとしたドライバーが居つきます。こういう会社は現在人手が不足していません。

「ちゃんとした活動」とは、大手の出来上がったしくみを真似るような上辺の活動ではありません。

最近、メッセージボードで来客者を出迎える会社が、業種に関係なく増えています。これは真似しやすいですし、一見「ちゃんとした」会社に見える方法です。しかし、それとはマッチしない社内の雰囲気や、来客者の耳にも入ってくる電話応対の様子を目の当たりにすると少し残念な気持ちになります。

一方、応対を受けて、感激したことがありました。訪問した会社を出る際に、靴の傍に靴ベラがセットしてあり、「きっとおいしいお茶を淹れてくれた、あの女性の心遣いだろう」

と相手の顔が見えるもてなしを受けた時のことでした。

すぐに真似したい衝動が湧き起こりましたが、トップダウンでは「やらされ感」しかありません。数カ月後に事前の情報は教えず、部下を連れて行きました。直後の会議で「感激のもてなし」を所長会議でその部下が話してくれ、当社らしさを失わず見習うことが決まりました。

そこで私がお願いしたのは、「もう1つ工夫を加えて、当社らしさを出そう」ということでした。その結果決まったのが、来客の際は、**①全員立ち上がり「いらっしゃいませ」と元気にお出迎え、②事前に来客数を聞いておき、スリッパを並べておく、③お茶出しは当番制、④靴と靴ベラをセットする、⑤全員で立ち上がって元気に挨拶しお見送り**、という手順です。

「変わること（変革）」を社員に求めると、負荷をかけられた圧力で組織は動揺します。しかし、経営者自身も常に改革精神を持って変わっていき、トップダウンだけではない進め方によって、ちゃんとした会社に変化していけば、非難されることなく、人はついてくるはずです。

2 「やらされ感」だけでは成長できない理由

●「やらされ感」だけの人材育成はもうやめよう

「やらされる」という感覚は誰でも好きではないと思います。私自身も学校の勉強などは、最初は「やらされ感」でいっぱいでした。「理屈は抜きで、とにかくやっておけ！」で通用するのは子供時代までです。

私が小学校5年生の時、杉浦先生という個性的な先生が担任になりました。算数の授業では、教科書を個人のペースでやればいいという方針で、全体授業をほとんどしない先生でした。九九算からやり直す者もいれば、1学期で5年生の範囲を終えてしまう秀才もいました。

問題は期末テストです。個人差がありすぎて、同じ問題での試験ができないのです。しかし、杉浦先生は親の反論ももろともせず、白紙の答案用紙を配り、算数に関することならどんなことを書いてもいいという試験を実行しました。

現在では許されないことでしょうし、実際に小学校の現役教師である私の妻も「ありえない」と言っていました。でも、私はこの杉浦先生のおかげで、嫌いだった勉強が好きになったのです。初めて通知表で算数の「5」をもらった感激を、今でも鮮明に覚えています。先生に「君、本当は勉強が好きなんじゃないのか?」と褒められるなど結果が出ると、遊ぶ間も惜しんで算数の問題集にかじりついた記憶があります。たとえるなら、乾いたスポンジに水が染み込むように学ぶ姿勢ができたのです。

この経験を経営者の視点でまとめると、

① 相手(学ぶ側)のペースを重んじる
② 興味を持たせたら、点数化して評価する
③ 負けず嫌いの本能を引き出すトークをする

最後の③が経営者や管理者の役目です。

相手のやる気に火をつけるわけですから、嫌われることを恐れてはいけませんし、取られ方によっては、「人でなし」と取られることも覚悟しなくてはなりません。しかし、人格を否定したり、生い立ちを非難することだけは御法度です。

あるところまで到達すると、コーチあっての自分というのを否定したくなることもあるでしょう。女子マラソンの高橋尚子さんや、水泳の北島康介さんがその例かもしれません。それくらい挑んで選手（学ぶ側）と接していかないと大成しないということです。

やらされ感いっぱいの教育訓練は、時に必要ですが、育成では教える側は「待つ」勇気を持っていたいものです。やらされ感いっぱいでは、自ら「考えること」に行き着きにくいために、表面上の習得に止まってしまうからです。

私が「教育」の定義とした、最低限運賃をいただけるレベルまでは、やらされ感の中で到達できますが、会社に利益をもたらすところまで到達させようとするならば、「育成」に挑んでいくしかないのです。

3 ドライバーは学ぶことに飢えている

●学びたいドライバーはどこにいる?

「学びたい」という気持ちは受け身ではないので、習得するうえでの効率はとてもいいと言えます。では、この学ぶことに飢えているドライバーはどこにいるのでしょうか?

きっとどの運送会社にも1人はいるはずなのですが、なかなかその姿(本性・本質)を見せてくれません。

「学びたい」という思いの根底にあるのが、「達成感」です。ドライバーの達成感というと、どんなことがあるでしょうか? 一日一日の「無事」「安全」、苦労が「稼ぎ」に反映されたかなど、いくつかあげられると思います。

私はドラコンで活躍する選手を発掘するために、いろいろなアイデアを出しました。その1つが学びのきっかけを与えることとなった運行管理者資格取得への挑戦です。挑戦の結果、国家資格である運行管理者資格試験の数倍も試験範囲が広く、難易度の高いドラコンの学科試験を、猛勉強により満点を獲得するようなドライバーが出ました。

私の会社では、特別難しい入社試験や学歴によってドライバーを選定しているわけではありません。ごくごく普通の、どの会社にでもいるドライバーの集団です。

●資格取得のすすめは発掘の近道

私の会社では、全ドライバーに前出の運行管理者資格試験を受験するようにすすめています。当初は管理者候補のみでしたが、最近では女性の事務職員も含めて、正社員のほとんどに受験を推奨しています。

よく同業者から「ドライバーに運行管理者資格を取らせて大丈夫なんですか?」と聞かれることがあります。おそらく、不要な知識や管理者資格を逆手に会社を攻撃するドライバーが出てしまわないかを危惧されての質問と察します。

私は、「大丈夫です。デメリットもなくはないですが、メリットの方が断然多いですよ」

と返答します。まずは、学ぶことや資格が欲しいドライバーを発掘できるメリットがとても大きいのです。

そう確信するのは、将来の管理職候補の人材確保としても期待できますし、学ぶことは必ず「人格形成」につながると私は信じているからです。

人格形成が運送会社にとって何の利益があるのかというと、事故撲滅やルールの順守のためには人格の形成が効果的であると考えるからです。

●学びたい思いをキャッチして業績アップにつなげる

社員の人格形成により会社組織は落ち着いていきます。会社組織が落ち着けば、いい人材は居つき、そうでない人材は自然と去っていきます。結局はこの繰り返しで、会社の風土は徐々に浄化されていきます。これが企業文化の醸成となるのです。

これはM&Aなどでは時間短縮できないところです。売上アップできる荷主の獲得、業務上のノウハウ、社内インフラの整備などとは違い、会社の風土や文化までM&Aで瞬時に変えることはできません。

会社の風土が整えば、人の入れ替わりがあったとしても、簡単には崩れない組織が維持でき、時代に逸れてさえいなければ、安定した業績が維持できます。私は社員の学ぶ心をキャッチして滅びた会社組織を見たことがありません。

結局のところ、**原点は「学び」の精神を基盤にした組織づくり**ということになります。そして変化を受け入れる柔軟な組織となることができれば、業績は徐々にではあれ、確実にアップしていきます。

4 負圧状態をつくって一気に成長させよう

●「好きこそものの上手なれ」だけではビジネスにつながらない

乾いたスポンジに水がしみ込むようにドライバーに必要な知識や技術が身につくのであれば、それは理想的です。

私はある若い競馬好きなドライバーが馬名を簡単に記憶してしまい、細かなことまで解説できる記憶力に感心してしまったことがあります。

「好きこそものの上手なれ」という言葉通り、好きなことはどんどん頭に入ってきます。とはいえ、そういった記憶力や貪欲さを仕事に結びつけるためには一工夫が必要となります。やりようによっては、好きではないことでも知識や技術が身につく方法はあります。

それが**「負圧」状態をつくる**ということです。

負圧というのは、勢いよく物事が身につく時のたとえです。空のペットボトルを水槽に入れると勢いよく水が流入してきます。スポンジに水がしみ込むような現象も負圧と言えると思います。これを人材育成でたとえると、「やらされ感」のない吸収率の高い育成ということになります。

一方、ペットボトルに水を満たすために水道の蛇口から水を注ぐのが、「やらされ感」いっぱいの吸収率の低い教育と言えます。

では、この負圧をどうやってつくるか？　というと、一つは、**力量や習熟度を試すテストを用意する**ことです。

さらに効果を出すためには、**負けず嫌いを発揮させる「言葉」を投げかける**ことではないでしょうか。たとえば、吸収率の高い結果を出した者を人前で大袈裟気味に褒める、などです。周囲にいる負けず嫌いな者を奮起させる手段として、私の経験上、非常に有効な方法です。

◆どのように負圧状態をつくるかがポイント

実際、私は賞金制度などを活用して、小さな会社ながら全国で大手企業に打ち勝つドライバーを育てることができました。ポイントは、「どこに負圧をつくるか」です。程よい負圧をかけることで、本当はやる気のない「上辺だけの行動」から、誰も見ていなくても、どんな状態でも発揮できる「真のやる気」へと変化していきます。空のペットボトルを水槽に傾けながら沈めると、ゴボゴボッと勢いよく水が入ってくるのと同じです。人の「真のやる気」に火をつける「負圧の状態」をつくるには、3つの方法があります。

① 負けん気を起こさせる（数値で評価する）
② チームをつくる（1人では続かない）
③ ドライバーの実益を示す（ニンジンをぶら下げる）

この3つが同時に起こった時に、人は途轍もない力を発揮します。
指導者でもある経営者は、ついついあれこれ欲張って部下に課題を課していきます。決して間違っていることではないのですが、相手があることなので、「相手の状態」によって学びの習熟度や課題の達成度に差が出ると思うのです。

たとえば、人はどんな時に学んだこと、体験したことが骨身になるでしょうか。一例として、「究極に困っていた時」に得た私自身の経験があります。

私が8年間ドライバー職と経営を両立していた頃、新潟で起きた土石流の復旧現場に急行した際、雪道とトンネルとを交互に走行していたためにタイヤチェーンが切れてしまいました。正しいチェーンのかけ方など知っていたつもりが、「できる」レベルではなかったということです。

困り果てるという点で、私の中に「負圧」が生じていました。その際にパーキングエリアで見知らぬベテランドライバーが教えてくれた、チェーンの正しい装着法と切れたチェーンの補修の仕方は脳裏に焼きつき、もう絶対に忘れません。

つまり、**どんな状態で「負圧」がかかるかを意識するのが大事**ということです。これが私の会社のような小さな会社でも、大手企業に負けない人材が複数育った理由です。

5 事故事例や荷主クレームを題材に学ぶ

●生かすも殺すも経営者、管理者の腕次第

私は、6つの自社の営業所巡回や講演活動により月の半分はホテル住まいのため、食事はほぼ外食に頼っています。先日、宇都宮に向かう際に、名古屋駅にある以前から気に入っているSスーパーで昼食を買いました。Sスーパーは高級住宅街中心に盛んに出店し、今では主要な駅構内にも小型店を構え、（少し高めですが）品揃えがよく、店員教育の行き届いた人気スーパーチェーンです。

野菜不足解消のためにと選んだ「9種具材の温かな煮物野菜（仮名）」を電子レンジに入れたのは私自身でしたが、気を利かせてくれた店員さんが、レンジから取り出し、レジ袋に入れてくれました。

何の疑問も持たず、新幹線に乗り込み、腹ごしらえしようと開封したところ、なんと全く温まっていなかったのです。仕方なく冷たいままいただきました。

私はこのことでSスーパーを利用しなくなることはありませんが、同じようなことが繰り返されれば、いずれは利用しなくなるでしょう。

我々運送会社に当てはめると、このような小さな事故事例や荷主クレームが経営者や管理者の耳に入らない範囲で起きてはないでしょうか。

さて、店員さんは気を利かせていたのに、商品を取り出した時に、なぜ「温まっていない」ことに気がつかなかったのでしょうか。コンビニなどでは、商品の種類によって、温める温度や時間が設定されているので、滅多にミスすることはないように思います。これは、クレームが出ないように最低限の教育がされているからです。

今回の事例では、マニュアルを超えた「考えることをいかにさせるか」がとても重要なのではないかという教訓を私は得ることができました。

絶対に起きてはならない重大な事例（Sスーパーでいうなら、賞味期限など食の安全や接客態度など、お店そのものの信頼に関わる問題）であれば、厳しくそして強制的に指導し、再発を防止しなくてはなりません。これが教育です。

一方、これこそ「育成」のチャンスと言うべき事例もあります。そのようなケースでは、皆で考えを出し合って、真の原因を探し当て、効果のある再発防止策を導き出すプロセスが重要です。これが、育成です。私がSスーパーの経営者なら、育成のチャンスとして、前述（レジ店員の対応）の対策を練らせるでしょう。

組織は土壇場を乗り切ることにより強くなる

同様の例を、私の会社の事例で紹介しましょう。私の会社では、前年対比事故が33％削減できましたが、フォークリフトによる荷物事故はなかなか減りません。全体の事故数が減少していることで、経営者である私も含めて油断があったのだと思います。

荷物事故が連発した時、ついに荷主から「社長自身が事情説明に来なさい」と某工場長に呼び出されました。私は、同席した部下数名の前で何度も頭を深々と下げ、再発事故撲滅を約束しました。

帰社してすぐにテレビ会議システムを通じて全営業所の（集められる限りの）従業員を

クレームをもとにして作成した
「リフト作業重点項目」

リフト作業重点項目

「地《じ》切《ぎ》り」はリフトUPで行《おこ》ない指《ゆび》差《さ》し確認《かくにん》

ティルトUPは「地《じ》切《ぎ》り」後《ご》1m 後退《こうたい》してから行なう

全社統一の「徹底項目」です。必ず実施してください。

必ず基本を守ったリフト作業を行なってください

集め、「もう待ったなし。本当の意味での手を打とう。全従業員必須の操作手順（フォークリフト）を決めるので、次の土曜日は皆で考え尽くそう」と呼びかけました。

主要なドライバーやフォークリフト操作を主とする構内作業員、全管理者がフォークリフト周辺に集まりながら考えを出し合い、1日がかりで上図の「フォークリフト作業重点項目」を完成させました。

これまで、やらされ感いっぱいのフォークリフト訓練は、何度も行なってきましたが、どうしても成果が出ない切羽詰まった状態でした。再発が止まらなければ、荷主に切られてしまいます。まさに土壇場です。

その危機感から、

① 皆で考え尽くした決め事

② 単なる標準作業化（マニュアル化）ではない強い約束事

を作成。結果、皆の「考え」を集約したプロセスそのものが育成活動となりました。

これを機にフォークリフトによる荷物事故は激減しており、お叱りをいただいた荷主からも、「社長に頭を下げさせてしまったという、従業員の反省が形に表われているよ」とのお言葉をいただきました。

クレームはありがたいことです。事故は起きてしまったからには、あとは「生きた教材」として活用するしかありません。

6 ドライバーの負けず嫌いを引き出す「小さなイベント」

●なぜか多い負けず嫌いなドライバー

ビジネスをする者全員が負けず嫌いとは言えませんが、私の感覚で言うと、ドライバーという職種は相対的に負けず嫌いな者が多いと思います。

なぜ、私がそう思うかというと、理屈っぽいことが嫌いなタイプが多いだけに「ドライバーの感性」に訴えることが有効だろうと感じる場面を、現場で起きた多くの事象の中から感じ取ってきたからです。

たとえば我が社では、次のようなことを実施しています。

① バック走行ホーム付け競技……ホームに接触寸前で止まる。近ければ近いほど勝ち

② デジタルタコメーターの月間順位→日々の運行の速度やアクセルワーク、燃費などを100点満点でデジタル管理するしくみ

③ 賞与の全社員順位付け→（これは決して小さなイベントではないが）ベテランも若手も半年間だけの査定で賞与金額を決めている

これらの事例は、やり方を間違えるといさかいの誘因にもなりかねないので注意が必要ですが、いずれもドライバーの負けず嫌いの感性に訴えた小さなイベントです。このような小さなイベントをきっかけにして、大きく成長したドライバーが実際に多くいます。

小さなイベントは取っかかりが大事です。初段階でつまずいてしまうと、強引に開催しても成果が得られにくくなるからです。

私はイベント事には初段階では「金は出すが、手と口は出さない」ようにしています。そうしないと、社長だけがお気に召すイベントになってしまうからです。

途中経過は逐一報告を受け、助言や注文は開催責任者に〝遠慮がち〟に告げるのが、うまくいくポイントです。

7 下地づくりのためのテーマの絞り方

●目で見える輸送品質とは

「下地づくり」は、畑で作物をつくるための「土壌づくり」と言い換えてもいいでしょう。どんな種も苗もスクスク育つ肥えた土壌をつくることができた畑を、会社組織に置き換えて考えます。十分な収穫を得るためにはよく耕し、光を当て、風雨にさらされながらい土壌をつくらなくてはなりません。会社組織もこの下地づくりが会社のしくみとしてできれば、どんな人材が入って来ても割合よく育つと思うのです。

逆に、下地がアスファルトのような硬い地面だと、どんなにいい種も苗も植えることとすらできないわけです。

では、会社でいう下地づくりとは、具体的にどういうことなのでしょうか？

私は、**「下地づくり」は企業文化をつくるような基本となることの繰り返し**であると考えています。

私の会社では「輪止め」を3年間徹底しました。明けても暮れても「輪止め」徹底を訴え続けました。「なぜ、こんな簡単なことができないのか？」と歯がゆい思いに苛まれる日々を過ごしました。

それは、靴を揃えて家に入れない我が子に、高等なテーブルマナーを教えても無駄ということに似ています。輪止めができないドライバーに、高度なことを要求してもうまくいかないのです。

私の会社では、あらゆる訓練をするための下地づくりとして輪止めを選びましたが、会社の風土に合っていることであれば、さまざまな選択肢があると思います。

当社が輪止めを「下地づくり」として選んだのは、輪止めは「目に見える輸送品質」に最適と考えたからです。

「車間距離をあける」だと、同乗などをしないと判断できません。やれているかどうかをすぐに評価できることが重要です。それが、下地づくりに決める基本動作を「目で見えること」に絞ることをおすすめする理由です。

2章2項で「フィールド」の与え方に触れました。それが本項の「下地づくり」とどう違うのか、説明します。

「畑」にたとえた下地づくりは、ある意味「根幹」になるような活動です。

これに対し、フィールドは「活躍のための機会」です。たとえるなら、下地である畑（会社）で実った果実（人材）を、どこで（客先、公道、訓練など）、どんな機会で（運行、接客、チーム活動など）、味わってもらうか（高い評価を得る）、ということです。

8 今どきのドライバーを引きつける社内報

●一体感を生み出していた社内ブログ

以前、社内の日常の出来事を皆で共有する活動をしていました。「社内ブログ」と呼んでいたものです。6営業所が日替わりで、新入社員の紹介や、新しい家族が増えた仲間の朗報や、連続無事故記録の更新といった話題を発信していました。

発信者は営業所長だけではなく、女性の事務職員、ドライバーも書き込んでいました。発信する側は大変だったと思いますが、皆が日々更新される話題に関心を寄せ、楽しんでいました。

ところが、ある日事件が起きました。社内ブログを始めて約1年経ったあたりのことでした。ある営業所の所長に対する誹謗中傷の書き込みがされました。内容も悪質で、プライバシーを侵害するものでした。中国のプロバイダーを経由して投稿されており、手が込んでいました。地元の警察にも相談に行きましたが相手にされず、余儀なく、社内ブログは閉じざるをえませんでした。

そして、その数カ月後に該当の営業所で大きな動きがあり、所長は辞職し、数名のドライバーも退職していきました。

よかれと思って会社が主導した活動が完全に裏目に出てしまった、苦い思い出です。ただ、ブログが存続できなくなったことを惜しむ社内の声が予想以上に多かったことが、唯一の救いでした。

その後、営業所展開をする中で、「一体感」をどのようにして醸成すればいいのか、代案が見つからずにいましたが、あることをきっかけに「社内報」を再開することにしました。痛い経験があったからこそのリベンジです。

●社内報の作成担当は高卒新入社員

あることとは、拙著『小さな運送・物流会社のための「プロドライバー」を育てる3つのルール』でも紹介した高校新卒の社員が、月1回、社内報を発行してくれるようになったのです。

社内報を作成するメリットはいくつかあります。

①雰囲気のいい職場づくりができる

②会社の歴史が記録できる

③社外の人（社員の家族や、これから入社を検討する方）が会社の雰囲気をすぐに読み取れる

④会社の主役を社長ではなく、社員にするツールとなる

⑤作成者の人間的成長につながる

ざっと考えただけでもこれだけ出てきます。皆が投稿できるブログのようなスタイルは敬遠し、オーソドックスな紙ベースにしましたが、すでに3年が経過しています。

新人に社内報を作成してもらうことで教育にもなる

ナルキュウトォンティン2月号Vol.35

担当

（トォンティンとはベトナム語です。日本語では通信という意味です。）

安全旗投票

安全旗の投票、ご協力ありがとうございました☆
3位までの作品が決まり、選ばれた5名の方には
図書カードが贈られました。おめでとうございます☆

Good and new

Good＆newを朝礼時に行うことになりました。Good＆newとはここ24時間以内に起こった出来事で「楽しかったこと」「新しい発見」をみんなで発表していく組織の活性化方法です。

このGood&Newでは私生活に関する話も多数出てくるため、メンバーの性格や嗜好性などが早い段階でわかることができます。


例えば．．

今日は好きなアイドルのCD発売日なので仕事が終わったらさっそく買いに行こうと思っています

飼っている猫が普段あまりなついてくれないのですが昨日は寄ってきてくれてうれしかったです

バレンタインデーにチョコをもらいました。
嬉しかったです
etc．．

2月20日現在	1月事故発生件数	2月事故発生件数	無事故連続日数
愛知営業所	2件	1件	14日
神奈川営業所	0件	0件	☆164日
静岡営業所	0件	0件	78日
岡山営業所	0件	0件	58日
三重営業所	0件	0件	☆112日
fitセンター	0件	1件	1日
茨城営業所	0件	0件	☆522日

2/6　プロドラ2級　3期生

プロドラ2級3期生が開講しました。

池畑運送、服島運輸より5名の方が参加されています。

3月9日にはプロドラ3級が東京で開講します。現在参加者を募集しているところです。


乗務員の連続無事故記録TOP１０　2月20日現在

1　愛知（営）さん（2826日）
2　三重（営）さん（2797日）
3　岡山（営）さん（2321日）

4位　岡山営業所さん
5位　fitセンターさん
6位　静岡（営）さん
7位　岡山(営)さん
8位　静岡（営）さん
9位　三重（営）さん
10位　静岡（営）さん

9 効果の出る寄せ書き安全旗のビフォー・アフター

安全旗は事故撲滅の神頼みツール

新人社長就任から数年が経った2000年、手探りで行なってきた経営がやっと落ち着き始めたと思った矢先、「事故の連鎖」が起こりました。同じような事故が数珠つなぎのように起こり、これがどうやっても止まりません。まさに連鎖反応でした。

それまで、「神頼み」という発想は全く持っていませんでしたが、さすがにこの時ばかりは、名古屋三越南にある成田山の旧分院に駆け込み、ご祈禱を受けました。その際、祈りを込めて持参したものがあります。それは、全従業員が心を込めて寄せ書きをした緑十字の安全旗です。

その、ご祈禱を受けた安全旗を社内に掲げた直後から、あれだけ続き、最後は全治半年

ドライバーの家族による安全を願う寄せ書き

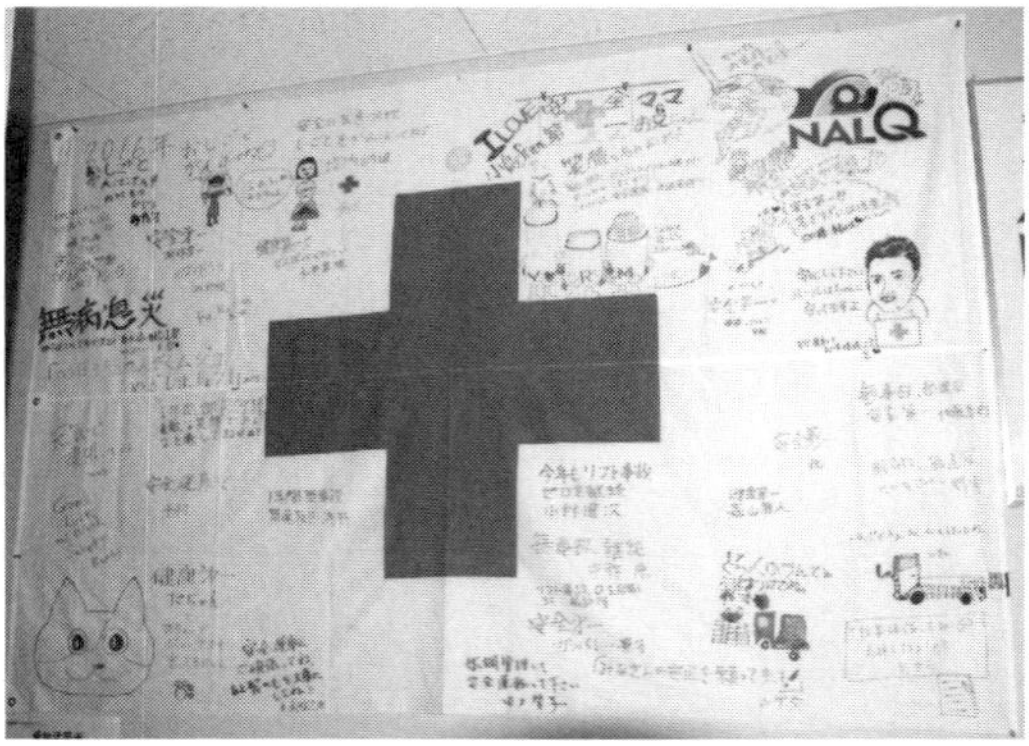

の労働災害まで起きた事故の連鎖がパタッと止まったのです。「絶対に事故を起こさない！」という強いマインドが湧き起こった儀式だったのかもしれません。

それから毎年1月、寄せ書きをした安全旗を持って愛知県犬山の成田山でご祈禱を受けるようになりました。

それから数年は皆、心を込めて安全旗に自身の名前を書き込んでくれましたが、やがて「はいはい、恒例のやつね」と段々と単なるルーティンになってしまっていました。

こうなると「続けることだけ」が唯一の価値となってしまいます。なんとかいいものにしたいとの思いから、「家族からのメッセージを寄せ書きにできないか？」と考えました。

ドライバーに達成感を与える風土づくりをするうえで長年継続できているのが、家族のメッセージが詰まった「安全旗」です。

昨今は、家庭を持たない人も少なからずいるため、開始当初は正直、迷いもありました。ただ、従前のような従業員だけの寄せ書きでは、社内の結びつきや一体感が案外出ないということも実感していました。

「まずは、変えることが大事」という心境が湧き起こり、実施したのが第一歩です。始めてみると、私の不安は取り越し苦労だったようで、休憩室に大きく掲げられた安全旗は華やかで、室内に安心感が漂いました。もうそろそろ10年目くらいになりますが、6つの営業所に各々1枚ずつ、家族安全旗が掲げられています。

会社の風土というのは、無理矢理つくるものではありませんが、なりゆきに任せながら、根付いてきたものを大切に守っていくことでもあると感じています。これも立派な達成感です。

COLUMN 4 トラックに乗らない覚悟

私が28歳で叔母の家業を引き継ぎ、23年が経ちました。入社直後、叔母は言いました。「私は免許自体持っていないので乗りたくても乗れなかったが、社長はトラックに乗らずに済むのであれば、それに越したことはない」。

当時は、その言葉の真意が全く汲み取れませんでしたが、「企業風土をつくる」という意味でも大事なことであったと今では納得しています。

社長就任後1カ月も経たないうちに、トラックに初乗車する機会はやってきました。当初はドライバー6名の小さな会社です。ドライバーの1人が突然欠勤したため、私が代行する以外に方法はありませんでした。以後、運転自体が大好きな私は、叔母の言葉も忘れ、結果的に8年間毎日のようにトラックに乗っていました。

そんなある日、得意先の担当者に呼び出され、「うちとの取引を拡大したければ、即刻、社長はトラックを降りること。社長が第一線で走り回る会社に安心して荷物を預けることはできない」と告げられました。当初は困惑しましたが、その忠告通り、私はトラックを降りました。

数年後、その荷主との取引は3倍以上となり、他社との取引も徐々に増え経営も安定してきた頃、「社長には社長にしかできない仕事をしてもらいたかったんだ。社長がすべき仕事をすれば会社の風土は固まっていき、業績も伸びるんだよ」と、その恩人である荷主担当者に、あの忠告の真意を聞かされたのです。その時、就任当時の叔母の言葉を思い出し、噛み締めました。

5章

いい人材を獲得するための求人・面接ノウハウ

人手不足は、長い目で見れば周期的にやってきます。人手不足な時はつい、人選が雑になってしまいがちですが、えてして、長年にわたり活躍する人材は、じっくり見極めたうえで入社した人材です。

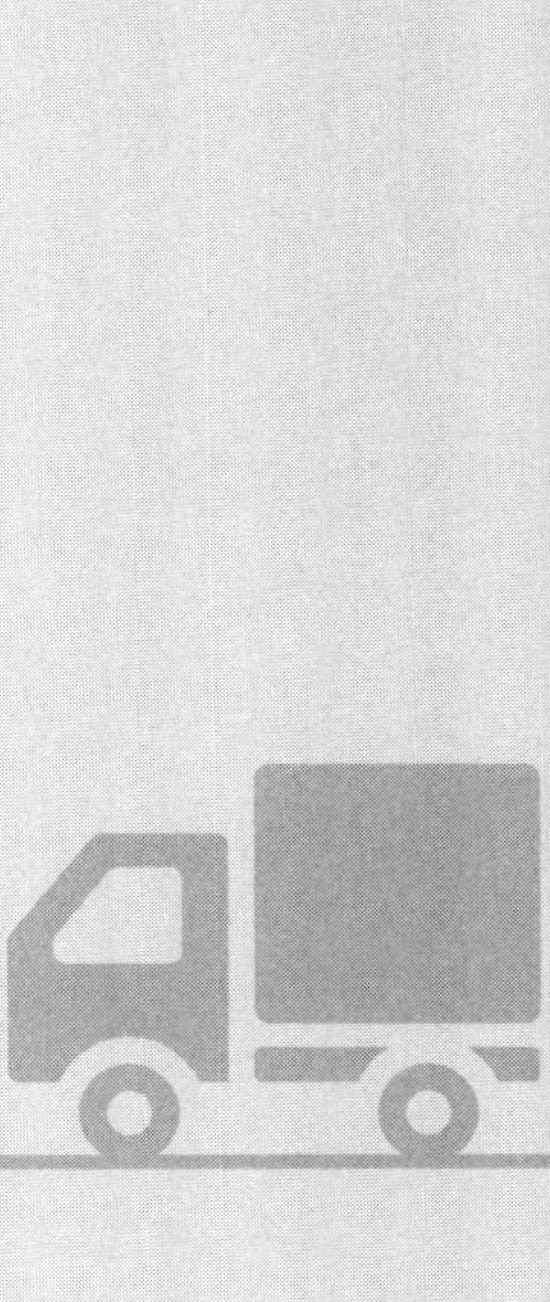

1 我々の業界がどう見られているかを理解しよう

●求職者の立場は見えているか

私はかねてより、「**未経験ドライバーを採用し、教育し、育成する体制づくりをしなくては、事業規模縮小につながる**」という考えのもと、未経験者を積極的に採用してきました。人手が足らないからといって、人選が満足にできない状態のまま採用をするのはとても危険なことです。求職者の立場を見据えつつ、質のいい面接を通じ、人材を獲得するノウハウを本章では述べていきます。

まずは我々運送事業者、また業界そのものがどういう風に業界外の方々の目に映っているのか、どんな印象を持たれているのかを知っていた方が、求人もその後の育成もうまく

我々の業界はどう見られているか？

- 「トラック運転手」という職種で表記される
- 低賃金で人手不足のため、若者が就職したがらない
- 1人当たりの労働時間が長くなってしまう
- 荷物を依頼する荷主側が強い立場である
- ライバルに顧客を取られたくないため、安い運賃でも渋々承諾する
- 規制緩和と構造改革で運送会社の立場が弱くなった
- 仕事がきつくても稼げる仕事だったが、今は稼ぎ半減
- トラック運転手は実は余っているので、給与は上がらない
- トラックの運転手はストレスが溜まってカッとなりやすい

いくのではないでしょうか。

上記は、ネット上で見つけたある凶悪事件について書かれていたブログの内容をまとめたものです。その犯人は残念なことにトラックドライバーでした。一般の方が書いたと思われる投稿を見て、少しガッカリしたのと同時に、業界の実態が誤って認識されていることに危機感を感じました。

「トラック運転手は実は余っているので給与が上がらない」。こう思われていては、若いドライバーは業界に入ってこないはずです。

これが少数派の意見だったとしても、現状、少し的の外れた感覚で求人活動が行なわれているように思われます。それは、昨今の求人誌に頻繁に踊る文字から見て取れます。

たとえば、「雰囲気がいい」「残業がない」「家族との時間が取れる」「近距離中心」「プライベートも充実」などです。これらのキャッチコピーが悪いと言っているのではありません。もっと欲しい人材を引きつけるようなフレーズを織り込む必要があります。

面接時に、求人情報のどこに引かれたかを聞いてみたところ、「本気でプロドライバーの育成を目指している会社です」の「本気」という文字だったそうです。

求人情報誌にこのキャッチコピーを入れた理由は、会社の真剣さ、誠実さをイメージさせるにはこの「本気」という言葉が、ぴったりだと確信したからです。人材育成や事故撲滅活動に真剣に取り組み、ドライバーを主役にしようとすることについて、「アピール不足」を感じじ、そのため、求職者はドライバーになった後の自分の人生がイメージできていないのだと強く感じました。

最近は、いい「人財」こそ、会社の規模や仕事内容や賃金よりも、実は「自己成長の場」を求めているように感じます。

特に異業種からの転職者（未経験者）の中には金の卵が隠れています。異業種からの人材流入を促すためにも、業界の見られ方を我々運送事業者がよく理解したうえで募集をかけた方が、よりいい人財に巡り会う確率がアップすると私は考えます。

我々は、求職者の立場をもっと理解したうえで動いていかないと、さらに魅力のない業界に成り下がってしまうという危機感を抱くべきです。

●雰囲気のよさのアピールは逆効果？

最近は、ホームページの充実や、求職者をお客様扱いする面接マニュアルなど、単にカタチだけを整えることを教え込むアドバイザー（コンサルタント）が多くいるようです。

ある初対面の求人情報誌の営業マンに、「本当にこのキャッチコピーで人が集まるのか？」「無難な結果（数名の応募）でとりあえずクライアントを納得させたいだけでは？」と、厳しめの質問を投げかけてみました。

その営業マンの答えは「雰囲気のよさをアピールしたつもりが、実はそんなことしか売りにできないのか？　と求職者はしらけているような気がします」というものでした。

私はこの正直な回答を気に入り、営業マンの腕を試すために、まずは（ドライバーではなく）構内作業員の求人を静岡地区と愛知地区で依頼してみました。

結果は、両地区とも大当たり。最低賃金に近い設定にもかかわらず、静岡は10名、愛知では20名を超える応募があり、20～30代の男女4名を採用することができました。上出来の結果です。

どんな1日、どんな生活に変わるかをイメージできるか

たとえば、以前私の会社が出した求人情報のポイントは、①**一人作業で集中してできる仕事であるというアピール**、②**作業を細かくイラストを使って明記**、この2点でした。

なぜ、私がこのポイントに重点を置いたかというと、仕事を分析した時、「黙々とやりたい人」にはグサッと刺さる仕事内容だと直感したからです。また、運送事業者がものづくりをしているだけに、ラフな情報では運送事業者の先入観が邪魔をすると考えました。

ドライバーの求人も同じです。先日、30代の整備士が大手のディーラーを退職して、未経験ドライバーとして入社してきました。

まずは、元整備士からドライバーへの転職理由をしっかりとヒアリングしました。「以前からトラックに乗りたいという興味があって、段々と強まり、やっと決心できた」とい

うことでした。しかし、トラックに乗りたいという欲求は漠然としたもので、ミスマッチを起こしかねないと私は思い、次ページ図の「ドライバーの1日の流れ」を見せながら、丁寧に説明しました。

一番多いミスマッチは、「ドライバーの仕事は運転だけしていればいい」という偏ったイメージからくる勘違いによるものです。私は、未経験ドライバーには1日の流れを話すとともに、「ドライバーの仕事は、運転中が休憩中くらいに考えておいた方がいい」とクギを刺しておきます。また、自由を求めて転職しようとする人が、規則やルールなどの「縛り」が意外と多いことに面食らう場面も少なくありません。

当然、運転の業務を軽視することはないよう、荷の積み下ろしなどの荷扱業務や荷締め作業、荷主とのやりとりなど、運転業務以外の負荷が高いことをあらかじめ理解してもらうことがとても大事です。

1日の流れがイメージできれば、生活の流れの変化も連想しやすくなります。休日の過ごし方や就寝時間、飲酒の習慣なども必然的に変えてもらわなくてはなりません。

私がドライバー未経験者にする具体的なアドバイスは、

ドライバーの１日の流れ

アルコールチェック

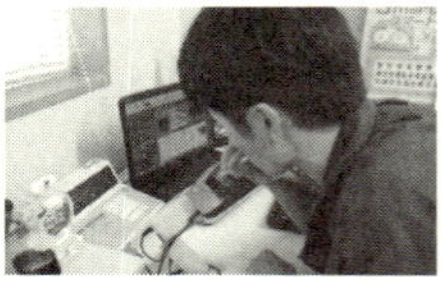

飲酒運転は、絶対にしてはいけない危険行為です。自分では大丈夫なつもりでも、前夜の飲酒が次の日に影響を及ぼすこともあります。運転の前には、必ずアルコールチェックを実施します。

⬇

運行前点検

出発の前は、必ずトラックを点検して安全確認を行ないます。エンジンやタイヤなど、ちょっとした故障や異常が大きなトラブルにつながるので、運行前点検は欠かすことのできない仕事です。

⬇

点呼

出発前、車両点検やアルコールチェックの結果を報告し、免許証を確認、笑顔で出発です。毎日、すべて記録されるので、一つとして手を抜いたりすることはありません。

⬇

運行、荷扱業務

いよいよプロのトラックドライバーの本領発揮、トラックの運転です。きちんとシートベルトを締め、交通ルールを守って、安全にそして確実に荷物を運びます。

トラックドライバーの大事な仕事の一つが、荷物の積み込みです。大事な荷物を積んだり下ろしたりする場合に、傷つけたりしないよう、ていねいに、そして確実な作業が必要です。

⬇

帰社後

無事に1日の運行が終わっても、報告書を書き、朝と同様にアルコールチェックやキーの返却など、やることはたくさんです。最後はやっぱり「お疲れ様」ですね。

・プロの真価……「プロ」とはプロ契約締結＝プロではない。お金を払ってでも見に行きたくなるようなプロスポーツ選手になるようなイメージを持つこと。真のプロを目指してほしい。

・自己管理能力……ドライバー職は、構内作業員と違い、一歩車庫から出庫したら、自己管理が欠かせない職業。人が見ていても見ていなくても同じ行動ができる真のプロを目指してほしい。

・車両点検の重要さ……トラックは荷主の大事な財産とドライバーの大事な命を乗せて走るもの。トラックの状態（不具合）を見抜ける真のプロになってほしい。

・見える輸送品質……輪止めはしなくてもいいように車両の性能は向上している。しかし、荷主や周囲の人たちに安心感を与える「見える輸送品質」として徹底してほしい。

以上のことを面接時や全体会議で話すようにしています。

特に未経験ドライバーにとって、初めてトラックのハンドルを握った会社で培った教えや常識がその後のベースとなりますので、責任重大です。

2 求人編① 欲しい人材像を明確にする

ミスマッチは大金をドブに投げ捨てるようなもの

人手不足が深刻な状況になってくると、必ずと言っていいほど、求人の内容がとても寛大なものになります。

「完全週休2日制」「残業はありません」「とても簡単な仕事です」、この程度はよしとしましょう。「未経験でも安心」「社員の笑顔が溢れる明るい職場です」「あなたのライフサポートをしていきます」、これらのキャッチコピーを見ていて物足りなさを感じ、「こんな人が欲しい」という思いなどは全くないのか、との疑問を感じます。

アットホームな社風を強調する会社ほど、人は定着しない。だから求人広告の常連になる。欲しい人材を明記していないので、入社してからのミスマッチも当たり前に起きるわけです。

現実を過不足なく書き、事実に基づいて掲載する求人広告は反応が悪くなりがちです。しかし、その少数の応募者から選んだ人材は入社すれば長続きしているのです。入社後の双方の認識の相違もなく、気持ちよく仕事をしてもらえるのでしょう。

●活躍実績人材の棚卸し、できていますか？

一番大事なことは、現在活躍してくれている人材の特徴をとことん分析して、どういう人材が活躍し、長く定着し、結果的に会社に利益をもたらしてくれているかを明らかにすることです。その人材像を具体化して、求人広告に掲載するのです。

あなたの会社でガンガン活躍しているドライバーさんに、あなたの会社の求人広告を見せたことはありますか？　そして、「この内容なら僕もいい人が来てくれると思いますよ」と同調してくれそうですか？

それぞれの会社によっていい人材像というのは異なりますので、それに同感、同調する人が集まるはずです。少数しか来ないかもしれませんが、その中から選出した応募者には後のミスマッチも少ないはずです。

当社では最近、ドライバーの応募が増えています。それは、昨年求人に実際に使った広告宣伝費を今年度はそのまま予算化し、前出の求人情報誌の営業マンに一任した結果です。これまでは、退職者が出た際や、新規荷主が獲得できた際に営業マンを呼んでいました。求人市場のトップシーズンなどお構いなしに掲載していたわけです。

今は、求人者が多い時期を狙って掲載するように変えました。タイミング的には余剰人員を抱える場合もありますが、腰を据えて教育できるメリットがあり、結果、新入社員によるる事故やミスも減少傾向にあります。

3 求人編② 社風や雰囲気アピールは逆効果

●雰囲気がいい会社なのに辞職率が高いワケ

「社風や雰囲気は職場選びをするうえで大事なことですか？」
求職者の本音を聞いたことがあります。「そもそもいい会社はそうそう人は辞めないだろうから、いつも募集している会社には裏に何かありそうだと勘ぐってしまう」と。

確かに、求人広告掲載の常連の会社は、ずっと社風や雰囲気を前面に出し続けています。しかし、実際は社風も雰囲気も悪いから人が辞めていくのではないでしょうか？

本当に社風も雰囲気もよくても、辞職者が多いとすれば、

・賃金が低い
・古株社員が辞めないので高齢化傾向
・組織の硬直化
・業績の低迷

など、今までは和気あいあいとやってきたが、業績が低迷し始め、高い賃金の古株がなかなか辞めないので、若手は賃金を抑えられる。不満が出始め若手から辞めていく……といった実状があるのではないでしょうか。

しかし、経営者は「当社のウリは社風や雰囲気のよさ」だと信じ切って疑わないので、従業員の笑顔が溢れる明るいイメージの求人広告が出来上がるのです。そして、その文言を信じて入社してきても、会社の現状にガッカリして辞めていく……。このような負のスパイラルが出来上がっているように思います。

私がそんなことを思っていると、前職が求人情報誌の営業マンだったという業界新聞記者が、私に教えてくれました。意識の高い求職者ほど「この会社は社風や雰囲気以外は特色ないの？」と、つい敬遠してしまっているというのです。前項の若手の営業マンと同じことを言っています。私の仮説はほぼ狂いはなかったのです。

・当社の本当のウリは何か？

・現在どんな人が活躍しているのか？

この点をうまく求人広告に盛り込んでいくと、いい人財が集まってくるように思います。

4 求人編③ 若い人材が欲しければ育成方針を明示しよう

●若手採用は経営の大きなエネルギーとなる

若い人材が欲しい理由は、長く働いてもらえる可能性と柔軟性、会社の活性化のためには欠かせないからです。

新卒者に魅力を感じ、採用活動に大手企業が躍起になるのも、会社の永続的な発展と目まぐるしく変わる環境に順応していくためには、若い人材が欠かせないからでしょう。

私の小さな会社では、高卒の新卒社員が3年目を迎え、加えて、大卒の新卒社員が今春1名入社しました。膨大な費用がかかりましたが、一から育てられる魅力の大きさは計り知れないものがあります。これから自分の会社色に染めていけるという魅力です。

そして、目には見えませんが、新しい風がフーッと会社に吹き込んでくるような大きなエネルギーが湧いてきて、会社の文化に大きな魂が入るように感じます。

では、どうすれば新卒に限らず、若い人材が入社してくれるでしょうか？　何か明確な会社の魅力が示せなければ、ライバルに奪い取られてしまいます。

●「安心」がキーワード

私は、育成方針の明示ができると、かなりの武器になるであろうと考えます。その理由は、「安心」がキーワードだからです。

中部運輸局主催で2015年8月に行なわれた高校生、大学生のための「第1回サマースクール」は、物流業界への人材流入を目論んで盛大に開催されました。

観光バス1台を貸し切り、当社（愛知県大府市）において、

- **トラックドライバー・コンテスト2013年全国優勝選手による講演、トラック走行競技の実演、同乗体験**
- **トラガール（トラックガール）第1号として総理官邸に安倍総理を表敬訪問したお母さんドライバーと女生徒との面談**

を実施しました。私の中では、いかに我々の業界への「認知」とドライバー職そのものに対する「安心感」や「存在感」を抱いてもらえるかが大きなテーマでした。

親御さんも見学に来ておられ、子供さんの就職に高い関心を抱いている証でもあるため、特に「安心感」を示していかないと、若い人材は獲得できないことを改めて実感させられました。

これだけ社会全体の高齢化傾向が進んでくると、今後は若い人材をいかに獲得するかが、会社の成長以前に「存続」の鍵となります。

●親も巻き込んで若手採用

今どきの若者は、比較的真面目な子が多いと、私は個人的に感じています。その分、奇想天外な大器の予感を感じさせる感性豊かな人物は、相対的に減っているように思うのです。

真面目で長く働いてくれるような若者を多く採りたいとなれば、次のようなアプローチがあると有効です。

・50歳代の親御さんを意識した入社案内の作成
・大企業志向の親御さんの不安を和らげる会社財務内容の公開
・親御さん同伴の会社説明会の開催
・1日／1年の仕事の流れがわかるページをホームページに追加する

●年代別育成方針

また、安心感を抱いてもらうには、育成方針を明示すべきだと強く感じています。

キャリアアッププランもリンクさせての育成方針です。私の会社では、次のように育成方針を説明しています（241ページ図を参照）。

20代はドライバー経験をしっかり積んでもらう。

30代では教える仕事を加える。

40代では営業所長を経験する。

50代では役員候補の部長職に就く。

60代になる前に役員に昇格する。

これで、常に報酬が右肩上がりしていくグラフが出来上がります。

結果的に、一生ドライバー一筋という方もいるかもしれません。しかし、私がドライバーに運行管理者資格取得を積極的に推し進めてきた理由の一つが、「キャリアアップ」の大切さに気づいた時に、勉強する意欲が失せてしまっていては台なしだと思ったからです。

その際に効果的な言葉が、「ドライバーは身体が資本だ。でも、いつかは体力も落ちてくるし、あってはいけないが、大きな事故を起こせば、一時的に運行できない状態になることもあるかもしれない。自分の将来、家族の生活のためにも資格を取っておこう。そうすれば、配車業務で食べていける。半分だまされたと思って、チャレンジしてみなさい」です。

これは若手のドライバーが面接に来た際にも、提示する内容です。特に、「資格取得」を支援することを盛り込んだ方針の提示が大変有効です。

「資格だけは、仮に転職しても会社には置いていけない自分のものだからな」と、一生の財産であることを納得させることがポイントです。

5 面接編① 酒井流ステージ別採用面接のやり方

●「採ってはいけない人」を見極めるだけが面接か？

会社にはさまざまなタイプ、仕事観、人生観、価値観の持ち主が入り口をノックしてきます。お互い人間である以上、好きも嫌いもあります。しかし、面接官に採用を好き嫌いだけで決められては経営者はたまったものではありません。

「この人材は、うちの会社でどんな活躍をする可能性があるだろう？」という視点を重視しなければなりません。面接の目的を「採ってはいけない人を見極めること」に絞りすぎないことが重要です。

私の場合、「**育成のスタートをどのあたりに持っていくべきか**」を見極めるために行なうために、ステージ別の分類をしています。

まず、自分なりのフィルター（判断基準）を設け、我が社の社風に合わない、言動に信ぴょう性が感じられない人など、採ってはいけない人を、可能な限り採用しないようにします。これは自分の第六感を信じることです。

そのうえで、自社なりのいくつかのステージをイメージすることが大事です。私の会社では、次のように分類しています。

Dステージ＝業界未経験ドライバー
Cステージ＝我流の経験ドライバー
Bステージ＝チームリーダー候補ドライバー
Aステージ＝トレーナー候補ドライバー（教えるプロ）

時にはどのステージにも分類しがたい、違反が多く安全意識の乏しい人や、現場ではなく管理業務や営業職に向いている人も入ってきますが、いずれにしてもとりあえず受け皿は用意し、採用してから様子を見るようにしています。

酒井流ステージ別ドライバー面接

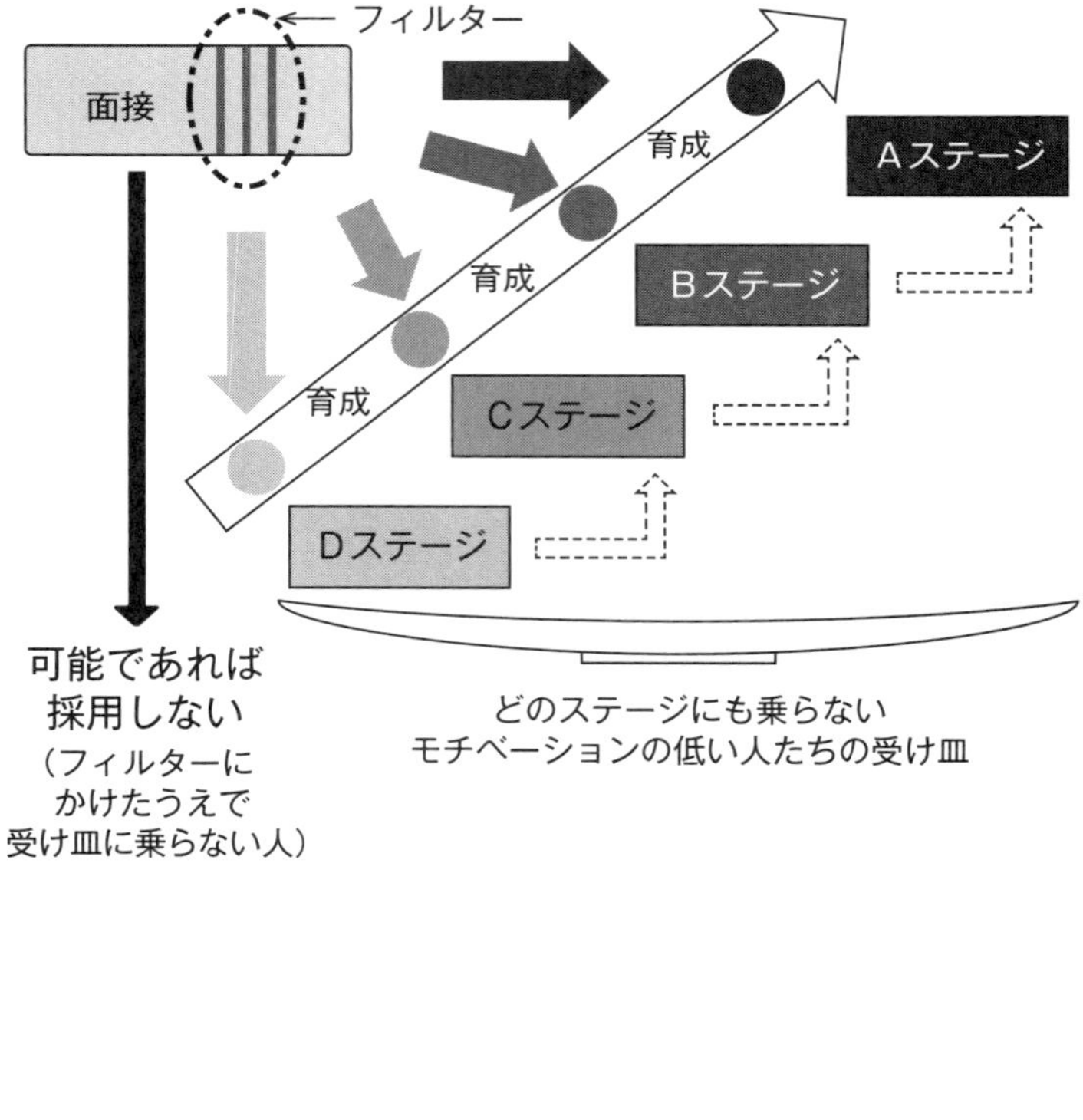

●面接時のトーク次第で大きく育つ

Dステージの未経験者には、とにかく不安を取り除くトークと、きちんとそして丁寧に教えることを約束できる証拠となる育成事例を示すことがポイントです。

我流でやってきたCステージのドライバーには、過去の経験は重視しないことを先に伝えることがポイントです。「自分の好きなようにやりたい欲求」が高いケースが多いので、欲しい人材でもしっかりとクギを刺しておくことで、大事故や顧客クレームを未然に防ぐことができます。

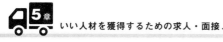

面接は、職を求める者にとってはある意味大きなイベントです。緊張感やフレッシュな気持ちを抱え、新たな決意をする瞬間でもあります。このタイミングでお願いすること（社則や決め事）や望むこと（将来への期待や目標）は、とても強いインパクトを与えることができます。このインパクトをうまく活用し、いい人財に育てるためにいいスタートを切らせることが大事なのです。

チームリーダー候補のBステージのドライバーは、リーダーとしての素質を見極めるためのチェックポイントをいくつか準備しておくとよいでしょう。

私は責任感と人望の有無に注目します。責任感は履歴書の文字に出ますし、人望は学生時代の部活動の話を振って引き出すようにしています。稀かもしれませんが、体育会系でキャプテンをしていたような経歴が聞き出せれば「英才教育していく価値十分あり」です。

「自分さえよければいい」と考えるドライバーは結構多いものです。

チームリーダーに向くドライバーの特徴としては、

- **声が大きい（ハキハキしている）**
- **先に挨拶できる**
- **相手の目を見て話ができる**

この程度で判断しています。

最後にAステージのトレーナー候補、ドライバーの先生になれる人材です。

これは、かなり希少な存在です。名プレーヤー（ドライバー）が必ずしも名コーチ（運転指導員またはトレーナー）になるとは限らない職種でもあると思っています。事故が多くても、教えることが好きなドライバーもいます。逆に、完璧な運行をこなしていても、人と接するのが苦手な人もいます。

とはいえ、ドライバーはやってみせること（実演）で認めてもらえる側面があるため、やはり、名コーチは名プレーヤー（ドライバー）であることが条件になってきます。

面接時に出る特徴としては、嫌味のない、聞いたことに対してストレートにわかりやすく表現する能力を持ち合わせていることです。名コーチの素質ある者に対しては、「なぜか、この人の話は頭によく入ってくるなぁ」という感覚を覚えます。

面接するうえで最も難しいのが、相手に「話させる」ことではないでしょうか。面接官が一方的に話してしまい、面接が終わってしまったという極端な事例もあります。求職者が聞き上手な場合や、寡黙な場合に多い傾向です。

先ほど解説したステージ別の面接をしている私自身も時折、一方的に話してしまっていることに気づき、「しまった」と反省することがあります。対策としては、聞くべき「質問集」を事前に用意しておくのも一つの手です。

6 面接編② 求職者を引きつける面接官とは

●愛がある言葉を発せられる面接官とは

人が採れない時代の面接官には、人を見極める眼力ある者よりも、愛社精神のより強い者が着任すべきというのが私の持論です。

愛社精神が強い者が語る会社の不足点や現実の姿には、「愛がある」。不満が多い者が同じことを言っても愛が感じられず、愚痴に聞こえてしまうので不思議です。

自社の特色や風土を理解してもらいつつ、現実の会社の問題点や課題などを赤裸々に語ることで、入社数カ月後に起きがちなミスマッチは確実に減らせます。

先日、過去10年までさかのぼって、今も戦力として頑張ってくれているドライバーたちの履歴書に久しぶりに目を通してみました。

最終面接である社長面接時に、私が当時の社内事情や退職者の退職理由、教育訓練の厳しさ、荷主からの無理難題の事例をじっくりと聞いてくれた者ほど、今現在、戦力として頑張ってくれていることが再確認できました。

●ビフォーとアフターをビジュアルで見せる面接

前社長である叔母から引き継いだ古くて小さな社屋は、ある幹部社員が「家族を恥ずかしくて連れてこられない」と嘆いたほど老朽化の激しい社屋でした。この幹部社員の言葉を糧として奮起し、私は「数年後に広さ100倍の敷地に大きな物流施設を必ず新築するんだ」という夢を抱きました。

結果的には、夢を抱いてから10年かかりましたが、宣言通り8000坪の土地に3つの自社倉庫・社屋を建てることができました。

いろいろな側面から自社のビフォー&アフターをビジュアルで見せてから、将来の展望を語ることができれば、「面接の質」は劇的に向上します。

そんなのは理想論だと思われるかもしれません。確かに、一般的に求職者は給与や休日などの条件面や仕事内容しか聞こうとしないものです。それが普通です。

しかし、結果として求職者に会社の将来展望や夢が語れた時は、いい人材として残ってくれているのも事実です。求職者を引きつけるためには、やはり夢が語れなくてはいけないと私は思うのです。

ところで、人が採れない、または定着しないとお悩みの経営者の皆さん、将来の夢は何ですか？　社長が夢を見ていないとその部下である面接官は面接時に将来への夢を語ることができません。

2005年の新年度に入る頃、当社は年間売上が毎年前年比2桁増を続けていた伸び盛りの時期でした。今でもお付き合いのある経営コンサルタントに「酒井社長の夢は？」と聞かれ、「会社を引き継いだ時の規模から100倍にすること」と答えました。

すると、その経営コンサルタントは「その夢は社員に喜ばれることですか？」と言いました。当時の私は、「当然、喜ぶでしょう」と疑う心はありませんでした。

誠に浅はかでした。それが単なる経営者としての見栄でしかない、ということに気づくまで数年かかりました。

企業規模の拡大は結果であって、目指すことではないということです。会社を大きくすることに経営者が専心し始めると、つい優先順位を誤ってしまうことに気づいたのです。実際、トラックの台数を増やす前に改善すべきこと、ドライバーに日頃から苦労をかけていることがいくつもありました。

- **車庫出入り口の前面道路が狭く、大型車はバックして出庫しなくてはならなかった**
- **休憩室が手狭になり、テント倉庫内の急造休憩室で我慢させていた**
- **通勤車の専用駐車場がなく、トラックと入れ替えさせていた**
- **強風の吹き抜ける積み替え場所で作業させていた**
- **洗車設備や給油設備がなく、長時間労働の原因になっていた**

会社の規模拡大を小休止させ、ドライバーの「働く環境整備」という夢を発表し、2011年に有言実行しました。

7 面接編③ 求職者を引きつける面接官の育て方

●この人と一緒に働きたいと思ってもらう

私は運送事業に30年近く携わってきましたが、言葉でこの業界の魅力を伝えることが一番困難だと感じています。

我々の生活に関わるほとんどの物資が、トラックドライバーの手を経て、消費者に運ばれています。これほどなくてはならない産業なのに、業界の魅力を世間に語るのは難しいことです。そんな魅力を伝えるのが難しい業界に所属する自社を「魅力的に表現する」ことは、さらに難しいことです。

業界に関係なく、求職者に訴える自社の魅力とは、「この人たちと一緒に働いてみたい」と思ってもらえるかどうか、ということではないでしょうか。

これは、私がサラリーマン時代、人事部で大卒採用担当だった時に、特に心がけていたことでもあります。

一緒に働いてみたい人とは、少なくともマイナス思考で愚痴ばかり言っているような人ではないはずです。一緒に働いてみたいと思わせることができて、業界の壁を越えて「働きがい」「働きたい意欲」を感じさせることができる面接官が育てば、鬼に金棒かもしれません。

では、どうすればそんな面接官が育つのでしょうか。それは「なぜあなたは働くのか？」という問いかけに自分なりの答えを出せるように導くことが経営者としての責務であり、一緒に働きたいと思わせる面接官を育てる秘訣だと私は日頃から感じています。

なぜ、あなたは働くのか？

働くことは苦痛であると考えている部下がいました。彼はとにかく欲の少ない人でした。私は、とてもいい素材だと見抜いていましたので、彼の「考え方を変えること」に時間をかけて挑むことにしました。

どん欲さが出れば、部下を引きつける人物に大成すると見込んだのです。

何でもいいので「興味」を抱かそうとして、グルメ、スポーツ、海外視察、さまざまな分野の人との引き合せ等に連れ回しました。貪欲になれる「興味」が芽生えれば、働く意欲も必ず変わる。人生観も変わると考えたのです。私の狙いは、彼に生き生きと働いてもらい、多くの部下を引きつける人物になってもらうことでした。しかし、結果的に彼は何に対しても「興味」を示しませんでした。

とても遠回りをし、時間の浪費をしてしまいましたが、私にとっては「働くことの意味」を人に伝える術を会得するいい機会になりました。

それは、「自分しかできない仕事」「時間を忘れて没頭できる仕事」「人が認めざるを得ない仕事」を見つけるためのお手伝いをしよう。そして、私自身が、自分しかできない仕事に磨きをかけようと決心をする機会にもなりました。

求職者を引きつけることができる面接官は、愛社精神に富み、仕事を苦ではなく楽しいものと捉えています。

面接官には、「君の仕事観を求職者に語ってあげてくれないか?」で十分だと私は思います。

ところが、「私の仕事観ですか? そう言われても……」という困惑の反応がほとんどです。そこで私は、会社説明会のプレゼンを体験させ、プレゼン資料（パワーポイントなど）をつくらせる課題を与えるようにしています。これまで面接官育成のためにさまざまな工夫をしてきましたが、その中で効果が高かった方法です。

改めて「自社の魅力って何だろう?」「どう表現すれば、多くの求職者に伝わるだろうか?」と考えることが、面接官として成長するための大事なプロセスなのです。

8 採ってはいけない履歴書の判別法

●履歴書は面接者を絞り込むツール

私はこれまで、宝のような素晴らしい人財と同じくらい、絶対に採ってはいけない人材にも巡り会ってきました。

素晴らしい人財だけを採用でき、採ってはいけない人を見抜き、確実に不採用にできる方法があれば、知りたいものです。

難しいことではありますが、私は、ある程度は履歴書に「隠されている」と感じています。あくまで私の経験値からの憶測ですが、私は履歴書を見て、どんなささいなことでも直感で感じたことはメモしたり、部下に自分なりの言葉で伝えるようにしています。

先日、構内作業員を募集したところ、低い時給にもかかわらず10名以上の応募がありました。会社の雰囲気や仕事の安易さをアピールする求人広告が多い中、仕事内容を誠実かつ正確にイラストを使って表現したことがウケたようです。

そのうち5名分の履歴書を営業所長から手渡されたのですが、両極端という意味で気になる履歴書が2枚ありました。

1枚は一目見て、採るべきだと確信しました。

・字のうまい・下手ではなく、字の大きさや書く強さが統一されていてバランスがいい
・誤字脱字をチェックしてある形跡がある

正直さや実直さ、几帳面さなどの人柄が伝わってくるような履歴書でした。

逆に、採ってはいけない人の履歴書は、自分の名前がまともに書けていないものです。何度となく自筆したり、名乗ったりしてきたはずの自分の名前がまともに書けていない人が時折います。

両極端であった「悪い方」の履歴書が、それでした。

自分の名前なのに、他人が書いたような違和感を持ちました。バランスがとにかく悪かったのです。

この求職者は、面接日時を決めたにもかかわらず何の連絡もなく、結局やって来ませんでした。結局、その後も電話はつながりませんでした。やっぱり……という感じです。

履歴書についての私なりの「決め事」は、以下の3点です。

- **誤字脱字が3文字以上あったら採用しない**
- **資格欄を適当に記入する者は採用しない**
- **賞罰についても必ず書いてもらう**

その他、最近特に注目しているのが「転職動機」です。準備してきたありきたりの転職理由ではなく、真実を聞き出す話術を自分なりに追求しています。

① 上司や同僚との人間関係

……上司のことを聞いた時の表情の変化を見逃さないこと。

② **家族との関係**

……「円満な家庭の持ち主は事故を追い払いますね。どうですか?」

③ **健康や体力の状態**

……健康告知書の記入義務と健康診断の結果次第で採用の可否を決めることを早い段階で伝えること。

④ **財政難ではないか**

……身なり、持ち物だけでは判断できませんが、財政難の人は生活の乱れが表面化します。とかく後回しになるのが税金の納付や光熱費などの支払いです。生活の乱れを感じたら、「税金などの滞納はないですか?」と軽く、聞いてみてもいいかもしれません。

また、面接に来た車の車中の乱れはないか? ボデーの凹みなどが修理されずに錆などが出ていたら、見送る際に「修理はしないのですか?」と聞き、返答によっては採用を控えた方が無難でしょう。

⑤ **仕事内容をどの程度重視するか?**

……仕事内容をあまり聞こうとしない求職者ほどミスマッチを起こします。根底に「やってみなければわからない」という思考があるからです。入社数日で辞められては「損失」でしかありません。一方、重視する人は大抵痛い思いを過去にしている場合が多いので、「これまでに話と大きく違ったことでもあったんですか？」と親身になって聞きましょう。中には文句を言わないと、気が済まない人もいます。人柄を見極めるには有効な質問です。

⑥ 夢の実現をしてきているか？（マイホームなど）

……自費で購入した持ち家か、親の持ち家か、賃貸か？　また、趣味について、どの程度自己実現できているかなどを聞くことで、夢に対する「達成意欲」が垣間見えます。こういった意欲が仕事に生きてきます。

以上のような問いかけは、さまざまな側面からの検証ができるので、求職者の本質に近づけるチャンスです。

採ってはいけない人を見極めるためには、やりとりの中で、フッと見せる陰や性分を見逃さない感性を磨いていく必要があります。

9 履歴書を再度、見直させる効果

●履歴書の見るポイントを絞る

私は、「賞（罰）」があるなら、必ず具体的に内容を書いてもらいます。これだけで、事情のあるドライバーは顔色が変わります。

以前、この問いかけで顔色が急に変わった求職者がいました。「うちは履歴書に偽りがあった場合は、絶対に採用しませんよ」ときっぱり言い切りました。

その直後、「辞退させていただきます」と一言、言い残して去って行きました。何か訳ありだったことが見て取れました。人当たりのよさそうな人物でしたので、面接の会話だけでは恐らく見抜けなかったでしょう。

頻繁に転職しているドライバーには、「覚えている範囲で古い順番に勤めた会社名を言ってください」とお願いしてみます。

時折、履歴書に記載のない会社名が出てきます。なぜ漏れたかが焦点となります。大抵、在籍期間が短かったから……、アルバイトだったから……という理由が出てきます。問い合わせされると困るから書かないことが多いのです。ここをうまく聞き出せば、人間性が浮き彫りになります。

履歴書を書き換えるチャンスを与える

私の会社では、2回の面接を経て、正規採用が認められます。

1回目は営業所長に一任しています。

入社後14日以内に、2次（最終）面接を社長が実施します。10日くらい試用すると、人となりも見え始めます。1回の面接だけでは、その人の人物像は把握しきれません。

また、履歴書を見ると、写真がない、字が乱雑、志望動機欄は空白、職歴欄は大雑把、資格欄は不明確といった求職者もいます。

ここで、営業所長に「明日は社長面接だけど、よかったら履歴書書き換えます？　うちの社長は嘘を書いたり、書き漏れがあると見抜きますから、書き直した方が賢明かもしれないよ」と言わせます。こう言われて、見違えるような履歴書に書き直してきた人は、心構えが変わって戦力になっていることが多いのです。

逆に、社長面接の直前に辞退を申し出るドライバーもいます。何度も「社長はそんなに厳しいですか？」「今まで社長面接で不合格って、どれくらいいるのですか？」と営業所長や同僚に聞いて回るようです。

履歴書は大切です。問題社員が出ると履歴書を引っ張り出します。

やはり、傾向は出ています。履歴書を書き換えたところで、人間性は変わりませんが、心構えは変わります。これが、履歴書を再度、清書させる効用です。やってみても損はありません。

COLUMN 5 話が入ってくる人、こない人

何をどう話されても、話が入ってこない人がいます。

逆に、なぜか耳からスッと入ってきて、思わず聞き入ってしまう人がいます。

この違いは何なのでしょうか？　教える側にはとても重要なスキルとなります。意識することで改善できるのであれば、改善する価値が大いにあります。

部下にとって話が入ってくる上司というのは、（好き嫌いや話し方のクセ、声のトーンなどの条件を除いて）事例や経験談を交えた話ができ、説教がましくない話し方をします。

また、ふんぞりかえるのではなく、前のめりになって、相手の理解度を確認しながら話します。

実際にこんなことがありました。人間関係がギクシャクしている営業所の所長は、ドライバーから話しかけられても、パソコンを触り、ドライバーの顔をチラチラ見ながら会話を進めていました。一方、離職者がほとんどいない利益貢献度の高い営業所の所長は、パソコンで作業している最中にドライバーから声をかけられると、「ちょっと待ってくれる？」と断った後、1分も経たないうちにノートパソコンを閉じて立ち上がり、ドライバーと目線を合わせて、会話を始めました。

この対応が決定的に違う点であり、業績にもつながる大事なポイントだと思います。

6章

やる気を引き出す給与の支払い方

運送会社の給与体系は各種手当が多く、とても複雑で、合法性に欠けるケースも少なくありません（無事故手当は、事故が発生しても減額しないのが順法です）。ここでは、ドライバー気質に即した「ポイント給与システム」を紹介します。

1 ベースアップは3カ月で効力が消える

●給与の額以上に「扱い」を重視すべき

ドライバー不足は深刻です。私はこの業界に30年近く従事していますので、周期的に人手不足を経験してきました。しかし、近年の人手不足は事情が異なります。

2007年に導入された中型免許制度などにより若年層がドライバー職に従事しにくくなった社会構造や、それに伴うドライバーの高齢化などが背景にあります。多分にもれず、実際に弊社も人手不足を解消できていません。

2016年1月、スキーツアーバスが長野県軽井沢町の崖下に落下し、大学生13名と運転士2名が事故死する大事故が発生しました。亡くなった大学生のご遺族が以下のようなコメントを残しています。

「今回の事故については憤りを禁じえませんが、多くの報道を見ていると今の日本が抱える偏った労働力の不足や過度の利益追求、安全軽視など社会問題によって生じた歪みによって発生したように思えてなりません。とにかく二度と起こらないように、どうしていくかを考えてほしいと思います」

私見ではありますが、事故の報道を聞いた瞬間、ドライバーの給与取り決めと密接な関係があると直感しました。たとえば、高速代を浮かせば、賃金が上乗せされる。逆に規定以上の高速道使用をすれば、超過分を賃金から差し引かれるようなことです。

ここで言いたいのは、給与の支払い方に問題があるということです。より多くの賃金を得るために「安全を犠牲にする」しくみの存在です。

長時間労働も同じように、長い時間働かないと生活給に満たないため、睡眠時間を削って働いた結果、過労運転になったり、寝不足による精神疾患を患うことになるのです。

ドライバー職の平均年収は427万円であるとの報道がされました。確かに高いとは言えません。しかし、金額以上に大きな問題は「扱い」であると考えています。高齢のドライバーは「こんなもの」と割り切って働いていますが、若者はそうはいかないのです。職業の選択肢が多い者ほど現状の「扱い」に不満を抱いています。

ドライバーが辞める理由を聞くと、最も多いのが「家族から今の給料ではやっていけないと言われてしまいました。僕はこの会社が好きなんですが……」というものです。

最初のうちは鵜呑みにしていた私でしたが、どうも真相は家族の意見以外にあると考え始めました。給与は高いに越したことはないのですが、それ以上に大事なのは「扱い」ではないかということです。

ここでの「扱い」というのは、

・磨り減ったタイヤを換えずにコスト削減を優先された
・自分よりも社歴の浅い同僚に新車が与えられた
・無事故手当が大きいため事故時の負荷が大きい
・人間ドックで要検査となっても病院に行かせてもらえなかった
・断れない配車や不平等な配車を課せられた
・愚痴を聞いてもらえなかった

などといったことが意外と大きいのではないか？　ということです。

●キーワードは「安心」できる環境の有無

離職率の高い営業所を預かる自社の営業所長は、部下が辞める理由は給与の低さと結論づけました。

私はこの発想そのものが、この営業所長の浅はかさと考えるのです。同じ給与水準でも1人も辞めない営業所があるのですから、どうしても言い訳に聞こえてしまいます。

給与をベースアップすれば、一時的にすぐに効果が出ますが、その効力が続くのは3カ月程度と私は常々感じています。同じ給与を上げるのであれば、支払い方を工夫すべきではないでしょうか。

- 安全を犠牲にしない
- 過度なペナルティを課さない
- 長時間労働をベースにしない
- 健康状態を気遣う

・平等、公平な配車をする

こういったことの積み重ねが「安心」につながっていくことに異論はないと思います。しかし、実際はそうはいきません。現場をうまく回していくためには、どうしても偏りが発生します。それを給与の支払い方で解決できないものでしょうか？

つまり、給与明細を見た際に、同じ水準の賃金であっても、「やる気（やった結果）」が金額として表われていたり、普段は手取り総額しか見ておらず感覚的だった「多い」「少ない」が数字でわかりやすく示されている給与の支払い方を実現すべきである、ということです。

ドライバーの給与に関する不満で一番多いのが、「明細を見てもわからない」「明細を詳細まで説明してもらえない」というものです。一度持たれた不信感は払しょくしづらいのが、給与問題の特徴です。

2 コストアップせずにモチベーションを上げる賃金体系

●「運賃の○%」ではなく、「負荷」に応じた給与の支払い方

2003年、会社の急激な成長とともに、労使間のギクシャクも生じ始めました。ドライバーが6名程度の時期は、給与明細を見せながら個別に話ができましたが、50名を超えたあたりの時期には、もう旧給与体系では調整が難しい状態になっていました。

2003年当時の乗務手当（給与総額の3分の1程度）は、「お客様からいただく運賃の○%」という決め方でした。運賃の良し悪しが必ずしも運行の難易度や負荷の大きさにマッチしていなかったのです。

また、規制緩和により競争が激化し始めていた頃でもありましたので、運賃を下げないと荷主をライバルに奪われてしまいます。よって、運賃を下げることで、ドライバーの給

与も下がってしまいました。

また、新規荷主を開拓する際は、難易度が高く負荷の大きい運行でも低い運賃（戦略価格）で受託することが多く、ドライバーを説得するのに苦労した記憶があります。

そんな時、旧給与体系の限界を思い知らされた事件が起きました。

●会社の成長を阻む労使決裂

ある長い付き合いの荷主に軽油の値上がり分を補填してもらう、燃料サーチャージを認めてもらった直後の出来事でした。

私が交渉したのは工場長でしたが、荷主の担当者には「運賃値上げを認めた」という言葉で伝わっていたのです。これがドライバーの耳にも入ってしまうのは当然で、ドライバーは運賃値上げなら自分の給与も上がると解釈したのです。

私は燃料サーチャージであり、運賃値上げとの認識はなかったので、給与加算はしませんでした。

しかし、給与明細を渡した翌朝、普段は温厚なベテランドライバーが血相を変えて私に訴えました。

「運賃が上がったって聞いていたが、乗務手当が上がっていないのはどうしてなんだ？」

最初はドライバーが何を言っているのか全く理解できませんでした。落ち着いて代弁してくれた同僚ドライバーの口添えで、ようやく事態がつかめました。

私はきっぱり、「燃料サーチャージは値上げではないので、手当は増えない」と言い切りました。

それからというもの、労使の関係は冷え切ってしまい、配車拒否など、普段の配車にも悪い影響が出てきました。

ドライバーたちの要求は、「運賃表の開示と月々の荷主への請求書の閲覧」という内容でした。要するに会社への不信感が限界まできてしまったのです。

そこで私がひらめいたのが、運賃の一部を配分するのではなく、ドライバーの仕事の難易度や負荷、運行所要時間や働く時間帯を数値化（ポイント換算）して給与を支払うしくみです。

●労使決裂からの教訓とアイデア

2006年に完成した新給与システムを「**ポイント給与システム**」と名づけました。結論から言うと、新システム導入を境に、給与関係の社内クレームが激減しました。

新しい給与体系の単位は「ポイント」です。1ポイント当たりの単価は地方格差（最低賃金の格差）も考慮して、営業所ごとに設定しています。

たとえば、同じルート、同じ荷量、同じ時間数でドライバーが運行しても、昼間と夜中ではドライバーの負荷（負担）は全く違います。立ち寄り件数が変わっても負荷が違います。また、トラックの大きさが変わっても負荷が違います。さらに言うと、手下ろしかリフトマンが下ろしてくれるかでも全く負荷が違います。

これらをすべて勘案して、ポイントに置き換えて賃金を支払うしくみです。

ポイント給与システムを導入してから10年経ちますが、大きなトラブルもなくやっています。

3 賃金がダウンするドライバーの救済法

●給与体系改定により給与が下がる者への救済策

問題は、給与体系の改定により給与が下がる者へのケアです。要はいい運賃で負荷の少ない、比較的楽な運行を担当していたドライバーへのケアです。放置してしまえば、ドライバーは辞めていってしまいます。

新旧両方の給与明細を1年間渡してドライバーの理解度を徐々に深め、数回の微調整も行ないながら擦り合わせをしていきました。準備期間として1年間は、(新旧給与体系の各明細の) 高い方の給与を支払いました。

その結果、全体の3割強のドライバーが新給与体系にすると給与ダウンになることがわかりました。この対策を取らなければ、大量のドライバーが退職してしまい、給与体系改定は「大失敗」に終わってしまいます。

私が対策として考えたのが、新給与体系のポイント給部分（ポイント×単価）に「係数」をかけ算する方法です。

たとえば、ポイント給が10万円と算出された場合、係数の合計が０・０２５だとすると、２５００円プラスの10万２５００円となるのです。入社時は０・０００でスタートします。

●ドライバーに選択権を渡し、やらされ感を取り除く

たとえば私の会社では、国家資格の運行管理者資格を取得したら０・００１５プラス。大型自動車免許を取得すると０・０００５、玉掛け資格を取得すると０・０００５というように、資格の取得難易度によって係数を変えて付与していきます。一度取得した資格は原則消えることはないので、「永久係数」とします。

また、日々の仕事にも係数をプラスしていきます。洗車をすると０・００１、危険予知トレーニングシートを提出すると０・０００５、予防処置シートを提出すると０・００２です。これらも重要度、期待度、大変さを数値で表わしているのです。

これらは日々プラスしていく係数です。資格の係数とは違い、給与の締め日とともに消

減する係数です。

そして、この係数の考え方の最大の特徴は、**何をするかを「自分で選択」できる**ことです。押しつけは一切なしです。

つまり、資格を取得するのが嫌な者は洗車すればいい。洗車をするのが嫌な者は、危険予知トレーニングをすればいいのです。洗車されないトラックはありません。洗車好きなドライバーは担当以外のトラックも積極的に洗っていくからです。

結果的に、新給与体系に移行する1年の猶予期間中に車格を2トンから4トンに上げさせたり、係数を上げるべく資格取得をさせたり、洗車の習慣化を促したりして対策を講じました。

結果として、大幅な減額となる者はいなくなり、新給与体系にうまく移行することができました。

●給与改定はコストアップにならないか？

給与改定は、一見コストアップになるのでは？　と思われるかもしれません。当然の疑問だと思います。私は、１年間の移行猶予期間の間に「適正なポイント単価」を決める作業を進めていきました。

具体的な方法は、まず全社の運行の総合計ポイントを算出します。次に旧給与体系で支払っていた乗務手当の総額を算出します。そして、総ポイントで割り算して「適正ポイント単価」を決めました。

乗務手当総額÷総合計ポイント＝適正ポイント単価

この適正ポイント単価にポイント数を乗じた乗務手当だけ支払っていれば、コストアップには絶対になりません。

しかし、これだけだと、先ほど説明したように、新給与体系により給与が下がってしまうドライバーの救済ができないだけでなく、ドライバーのモチベーションを上げることができません。そこで、係数でかけ算した額がコストアップになることを経営者として「覚悟」したのです。

●係数によるコストアップが避けられたワケ

現在、自社ドライバーの最高係数は0・25です。つまり25％分余分に手当を支払っていることになります。額面にして約6万円程度になります。同じ運行をするにあたり新人ドライバーと比較して6万円の差が出ることになります。

この6万円をどう考えるかです。最高係数のドライバーは、運行管理者資格を持っています。無事故記録は2000日を超え、全国トラックドライバー・コンテストでは国土交通大臣賞を受賞しました。新人ドライバーに教えるのもうまく、日頃の声かけも欠かさずにしてくれます。

また、3日に一度は洗車し、運行前点検で確実に不具合を見つけるので、車両修繕費も少なく、タイヤの持ちも格段にいいのです。

いかがでしょうか？　6万円は割高な費用でしょうか？

4 ポイント給システム（出来高制）のメリット

●ポイント給与移行後の効果

私の会社では、この係数の考え方を導入して以来、従業員が生き生きと仕事に取り組む姿勢が表われて、事故もクレームも減りました。何より営業利益率が上がりました。

1運行当たりのポイント数はドライバーでも計算できるので、運行ごとにどれくらいのポイントがつくかわかります。時間外手当も込みでポイント数を算出するので、余分に時間を費やして帰社するドライバーも激減しました。

導入時の苦労はありましたが、1年間、サンプリングした小さい所帯（7名）の三重営業所で試行錯誤しつつスタートさせた方法がよかったのか、移行後のトラブルはほとんど発生しませんでした。

給与体系改定の最大のテーマであった、ドライバーの「モチベーション・アップ」は幾つかの成果を残してくれました。

・グループ3社（ナルキュウ、鳴海急送、ナルキュウ西部）損害保険フリート最高割引率（70％）維持

・運行管理者資格合格率68％

・特車（特急対応便＝高利益率）受託率95％超

「特車」は、旧給与体系では余分な仕事として敬遠された運行です。運賃歩合であったため、運行が終了しないと運賃が判明せず、ドライバーにとっては、割の悪い印象だったのです。

新給与体系では、ポイント設定したうえで、ポイントに1・3倍を上乗せして、運行前にいくら稼げるかを明らかにしました。

今では、昼過ぎになると「特車入ったら、やるから声かけてください」、日報には「また特車の配車お願いします」とのメッセージが入るようになりました。

ポイント給システム（出来高制）の例

係数基準　1.00

ドライバー係数

改訂2014.4

項目	係数変動	入力頻度	入力方式	評価基準								
連続無事故記録	変動（月単位）	毎月月末	自動入力	連続日数	～50	～100	～150	～200	～250	～300	～350	～400
				プラス係数	0	0.0100	0.0115	0.0120	0.0125	0.0130	0.0135	0.0140
		～450	～500	～550	～600	～650	～700	～750	～800	～850	～900	～950
		0.0145	0.0150	0.0155	0.0160	0.0165	0.0170	0.0175	0.0180	0.0185	0.0190	0.0195

プラス評価分（永久係数）

	項目	係数変動	入力頻度	入力方式	評価基準
システム入力	運行管理者	永久プラス	資格取得時	チェック方式	0.0015
	整備資格	永久プラス	資格取得時	チェック方式	0.001
	牽引免許	永久プラス	実務可能	チェック方式	0.0005
	大型免許	永久プラス	資格取得時	チェック方式	0.0005
	中型免許および旧普通免許	永久プラス	資格取得時	チェック方式	0.0005
	フォークリフト資格	永久プラス	資格取得時	チェック方式	0.0005
	小型移動式クレーン	永久プラス	資格取得時	チェック方式	0.0005
	天井クレーン	永久プラス	資格取得時	チェック方式	0.0005
	玉掛け	永久プラス	資格取得時	チェック方式	0.0005
	ドラコン・リフコン	永久プラス	出場確認時	出場回数	0.001
	社内研修受講	永久プラス	受講時	受講回数	0.00025
	社外研修受講	永久プラス	受講時	受講回数	0.00025
	JTDO研修※	永久プラス	認定翌月	認定	0.001
	JTDO研修※	永久プラス	受講翌月	非認定	0.0003
	年間ベスト賞 受賞	永久プラス	受賞確認時	受賞回数	0.002
	社長賞 受賞	永久プラス	受賞確認時	受賞回数	0.0005

※JTDO＝一般社団法人 日本トラックドライバー育成機構

プラス評価分（1カ月限定係数）

<table>
<tr><th></th><th colspan="2">項目</th><th>係数変動</th><th>入力頻度</th><th>評価基準</th><th></th></tr>
<tr><td rowspan="14">HQM計算入力</td><td rowspan="4">洗車</td><td>キャビンのみ</td><td>毎月 月末</td><td>回数</td><td>0.001</td><td></td></tr>
<tr><td>荷台のみ</td><td>毎月 月末</td><td>回数</td><td>0.002</td><td></td></tr>
<tr><td>下回りのみ</td><td>毎月 月末</td><td>回数</td><td>0.001</td><td></td></tr>
<tr><td>車両すべて</td><td>毎月 月末</td><td>回数</td><td>0.005</td><td></td></tr>
<tr><td rowspan="2">車両メンテナンス</td><td>オイル交換</td><td>毎月 月末</td><td>回数</td><td>0.002</td><td></td></tr>
<tr><td>部品交換</td><td>毎月 月末</td><td>回数</td><td>0.001</td><td></td></tr>
<tr><td rowspan="2">社内・社外の清掃、整理</td><td>社内</td><td>毎月 月末</td><td>回数</td><td>0.001</td><td></td></tr>
<tr><td>社外</td><td>毎月 月末</td><td>回数</td><td>0.002</td><td></td></tr>
<tr><td rowspan="2">ドラコン規定（点検）リフトチェック</td><td>メイン</td><td>毎月 月末</td><td>回数</td><td>0.002</td><td></td></tr>
<tr><td>サブ</td><td>毎月 月末</td><td>回数</td><td>0.001</td><td></td></tr>
<tr><td colspan="2">KYシート（危険予知トレーニング）</td><td>毎月 月末</td><td>枚数</td><td>0.0005</td><td></td></tr>
<tr><td colspan="2">予防処置</td><td>毎月 月末</td><td>枚数</td><td>0.002</td><td></td></tr>
<tr><td colspan="2" rowspan="2">デジタコ（デジタルタコメーター）</td><td rowspan="2">毎月 月末</td><td>ランクA</td><td>ランクB</td><td>ランクC</td></tr>
<tr><td>0</td><td>▲0.001</td><td>▲0.003</td></tr>
</table>

1日単位で評価

- **経営者が「やってほしいこと」を数値で表わすことで、「理想の経営」に近づけやすい**
- **何をすれば給与アップするかがわかりやすく、「自分の意思で選べる」のがドライバー気質に合っている**

5　ドライバーの給与クレームから解放されよう

●ドライバー気質を的確に捉える

新給与体系移行による効果と言えるのが、給与明細を渡した後の問い合わせやトラブルがめっきり減ったことです。日々、自分の稼ぎが自分で計算できますので、給与明細を見て、「えっ？」と思うことが減ったことがよかったようです。

ドライバー職は一種変わった感覚で働く対価（給与）を捉えていると、私は常々感じています。**「稼ぎ」**という感覚と**「割に合う（合わない）」**という感覚の2つです。

たまたま「稼ぎ」の悪い月が1回あっただけで退職をほのめかし始めます。また、人手が不足する時期に休日出勤が続くハードな運行が続いた後、人員を補充し平常に戻ると、「給与が下がった」と不満を漏らされることもしばしばです。長い目で「稼ぎ」を見ていないのが、ドライバー気質の特徴です。

次に、「割に合う（合わない）」という感覚です。近年、ガツガツと稼ぎたいという貪欲なドライバーは減少しているように感じます。特に若い世代のドライバーと他業種から転職してきたドライバーに多い傾向です。給与総額が上がる新しい案件を示しても、拘束時間の長さや体力的な問題、技能的な問題など総合的に考えたうえで、割に合わない業務には手を出さない傾向が顕著に表われています。その反面、納得したことはコツコツと地道に継続していく傾向があります。まさに「割に合っている」という状態です。

これらの傾向に対応することができる給与体系が整えば、将来への体制が大きく進展すると確信します。本書のポイント給与システムは、生々しい金額ではなく、ポイント数で会話が成り立つため、ギスギスすることがないのが利点と言えます。

乗務員「その仕事は何ポイントなの？」

管理者「○ポイントだよ」⇩**ポイント数×ポイント単価×係数＝乗務手当**

このように、「稼ぎ」「割に合う（合わない）」の双方が解決するやりとりが成り立ちます。

6　ドライバーにやってほしいことを数値化して示す

●ゲーム感覚を取り入れてやる気を引き出す

・トラックドライバーに真面目に仕事してほしい
・ルールや規則を守ってほしい
・指示したことを気持ちよくやってほしい

このような思いは、運行を管理する立場にある人たちの大きな悩みでも、希望でもあります。

私は、ドライバーにやってほしいことを数値化することができないか？　とトライし続けてきました。そこでたどり着いたのが、これまで述べてきたポイント制なのです。

どういうことかというと、会社にはそれぞれ給与規定というものがありますので、容易には変更することができません。しかし、先に述べた「係数」という考え方は比較的簡単に取り入れることが可能なので、同業の社長さんにも強くおすすめしています。

具体的には、**現在の給与×（1＋係数）**です。

私の会社ではプロドライバー集団をつくり上げるためにドライバーコンテスト選手育成に力を入れています。そのためにも係数というポイントを給与に加えているのです。

たとえば、

・運行管理者資格０・０００５
・整備資格０・００１
・ドライバーコンテスト出場０・００１

この3つだけでも経営者の意図が見える係数です。

ドライバーコンテスト出場だけで、運行管理者資格試験合格の2倍の評価を公表しているので、経営者は明らかにドライバーコンテスト選手を本気で育てようとしていると理解してくれます。

この他にもあります。

・洗車０・００５

・危険予知トレーニング０・０００５

つまり、経営者がやってほしい度合いを数値で示したということです。ゲーム感覚の鋭い若者には受けているようです。数値で表わすゲームで育ってきた世代のドライバーに受け入れられやすい点で、将来性にも富んでいます。評価規定がなく、悩んでいるという会社にも最適の考え方です。すでに何社かにコンサルタント的に導入に参加させていただきました。どの運送事業者にも適用できるとは言えませんが、企業風土を変えるきっかけにはなると私は確信しています。

7 失敗しない給与体系改定の時系列手順

●給与体系改定の好機はまさに「今」です

いつかは給与体系改定をしなくてはならないと考えている経営者の方に助言したいのは、タイミング以上に大事なのが移行期間であることです。

「人手不足のこの時期はタイミングが悪い」

それも一理あるかもしれません。しかし、不景気になって人手に余剰感が出た時が本当に好機と言えるでしょうか？　人員削減をしなくてはならなかったあのリーマンショックの時に給与体系改定は実行できたでしょうか？　それどころではなかったはずです。

ですから、好機は「今」です。思い立った時です。問題はいかにじっくり時間と手間をかけて移行するかということです。

●移行期間は1年程度が理想（キックオフ）

じっくり移行期間を、とは言っても2年も3年もかけていては間延びしてしまい、「中断」を余儀なくされることも十分考えられます。

私は「1年」というのが適切な移行期間と考えています。その理由は、ドライバーに余計な不安を与える時間を抑え、素早く行なう限界が1年ということです。また、1年単位の方が効果の確認もしやすいと思います。

●新しい給与体系の骨子作成（1カ月目）

私が考案したポイント給与を例に解説していきます。まずは、ポイント単価を決めるのと、現状の運行をポイント化する基準を設けることが第一歩でした。

仕事の負荷を数値化するのに、ドライバーの負荷を3要素に分解しました。

①時間……労働時間数とその時間帯（深夜帯はより負荷が高い）

②荷物……扱う荷物の量や荷積法（トラックの大きさ【車格】や立ち寄り軒数、手積み

（下ろし）

③ 難易度……運行にあたり覚えるべきことの量や難易度

これらを数値化するには、経営者と現場に精通した運行管理者とが、時間を費やしてつくり上げます。

私の会社のポイント算出表は2006年から全く変えておりません。なぜかというと、「途中で改変すべきでない」という意識で、完璧に近いものをつくる強い意志が重要です。このポイント算出の基準がブレてしまうと、ドライバーは「ごまかされやしないか？」「コストダウンするために改変するのでは？」というような疑念を持ち始めて、労使の関係が悪化する原因になりかねないからです。

次に、説明会について触れますが、ドライバー側の意見を取り入れる場でもありますので、慎重に行なっていくとよいでしょう。

●モニター営業所の選定（2カ月経過）

まずは、モニターとなる営業所を選定します。あまり大きい所帯の営業所は避けるべきです。私の会社では7名のドライバーが所属する三重営業所でした。

あと、営業所長の力量も大きく影響してきますので、ある程度、労働基準法を理解している営業所長が適任です。

●説明会の開催（3カ月以内）

モニター営業所が決まれば、「給与体系改定の説明会」を開催しなくてはなりません。可能であれば社会保険労務士に同席してもらうといいと思います。会社の本気度と適法を目指した取り組みであることが伝わります。

説明会は、全員が仕事を終えた夕方以降、1人も欠かさず全員出席のもと行なわなくてはなりません。これは鉄則です。できれば、週末がおすすめです。なぜなら、従業員は記憶の新しいうちに家族にも伝えたいからです。

ここで重要なことは、

- **旧給与体系（現状）は1年後に廃止すること**
- **1年間は新給与体系と旧給与体系2通の給与明細を発行していくこと**

・新旧で高い方を支給し、1年後は新給与体系に完全移行すること
・新給与体系で給与が下がる者への救済はしっかり対応すること

以上の4点が重要です。反発や大きい抵抗にあうと全く前に進まなくなりますので、この説明会は最重要です。

新しい給与体系の明細書作成（3カ月目〜）

ドライバーにとっては、日頃の運行がどれくらいのポイント数で評価されるかを知るタイミングでもあります。

シンプルに表現すると、当社の給与明細は以下の通りです。

・基本給○円（日給月給）
・無事故手当○円（事実上の固定給）
・皆勤手当○円（事実上の固定給）
・時間外手当○円

・ポイント給○円　（旧運賃歩合部分）
・総支給額○円

基本給をできる限り低く抑え、時間外手当の単価を下げつつ、ポイント給（出来高）を厚くするのが、重要ポイントです。

固定的給与（基本給など）を下げる場合には、労働条件の大幅な変更になるため、従業員の3分の2以上の同意が必要になります。

私の会社では、新旧2通の給与体系を作成し、どうすれば今までよりも稼ぎが増え、どうしてもらいたいかをじっくり説明しました（個別単位と営業所全体を適度に織り交ぜながらです）。

●ポイント評価一覧表の公開（4カ月目）

今後のジョブローテーションを前提に、自社の基準でポイントを算出した「全社の運行のポイント評価」を公開しました。

- 拘束時間数
- 時間帯（深夜か、早朝か、日中か、夜間か）
- 車格（1トン～20トン）
- 車両形状（箱車、ウイング車、平ボデー、ローリー車など）
- 専属便かスポット便か（一般的に専属便のが難易度が高い）

以上のような要素を加味して、ポイント数を算出し、精査したうえで公開しました。

これはドライバーから異論が出やすいところです。「自分の運行が一番大変」という意識が強いためです。異論が出始めると給与体系の改定もうまく進みませんので、「まずはシンプル」が大事であり、複雑にするのはおいおい考えるとドライバーたちにははっきり伝えました。

ポイント係数のメニューづくり（5～6カ月目）

これは、新給与体系になることで、給料が下がってしまうドライバーへの救済策として勘案したものです。経営者として、現在の会社をどういう会社にしていきたいかをじっくり考えていく機会です。

・企業を永続的に経営していくには「利益」が必要
・利益を効率よく積み上げるには、経営者の方針や理念を全社に浸透させていかなくてはならない
・方針や理念は、ドライバーにもわかりやすい「言葉」に置き換える
・「言葉」は重要なものから順に優先順位をつけると、成長スピードがつきやすくなる
・優先順位を出したら、重要度に合わせて数値化する
・数値化が終わったら、長期で行なうべきものと短期で行なうべきものを区分する
・最後に、在籍するドライバーに実際に当てはめてみて検証し、微調整をしていく

以上のような手順で、ポイント係数を決めていきます。

●ポイント単価の取り決め最終段階（7～9カ月目）

営業所単位で、1カ月の全ドライバーの総ポイントを出し、払える手当の総額で割り算

します。旧給与体系と比較して、コストアップにならない「最適点」を試行錯誤しながら導き出す作業です。係数のことも念頭に入れて、最適点を定めるには、最低でも3カ月は要すると考えます。

実は、当初のポイント単価は28円／1ポイントでした。しかし先の読みが甘く、2年目から大きく人件費率が上がり始めました。それだけ、ドライバーが必死で係数を上げようと努力したからですが、28円を払い続けることは不可能となり、現在では26円程度に落ち着いています。

●他の営業所へのポイント給システム説明会開始（10カ月目）

三重営業所でのモニタリングがほぼ終わりつつある段階で、モニタリングの結果を反映させた資料をつくり、各地の営業所に私自らが説明に回りました。すでにおおよその噂や評判は一通りドライバーたちの耳に入っている段階です。

各々が心配や不安を抱いているのは、明らかに「変化すること」です。誰もが、変化することには多少の不安（心への抑圧）があります。ですから、変わることよりも「透明性」が高いことを常に強調しました。

・1日の稼ぎが運行当日に見える
・労力に応じた稼ぎが得られる
・間違いがあったら、運行当日に修正できる
・運行に出る前におおよその稼ぎが予測できる

これらをアピールしました。最終的には、「まずは、会社を信じてやってみよう。逐次、不明な点は説明してほしい。うまくいかなければ、元に戻すことも考えてほしい」という要望がドライバーたちから出ました。もっともなことばかりです。

●ポイントのパソコンによる個別入力（11～12カ月目）

これはドライバーが自分の1日の運行を、自分自身の手で会社のパソコンに入力することによって、管理者の手を省き、同時にドライバーへの納得感を提供したいという狙いで開始しました。

マイクロソフトのアクセスで作成した入力画面に入力していきます。ドライバーにとっ

てパソコンはデジタコのデータ吸い上げですでに扱い慣れていたので、大きな問題もなく軌道に乗せることができました。

ドライバー自身が走行キロ数や出庫帰庫時間や立ち寄り軒数、休憩時間、車格、積み下ろし方などを順に入力していき、1日の稼ぎが弾き出されるのは、納得感がかなり高かったようです。

以上のように、1年間を要した給与体系の変更は、改定後すぐに労働審判にかけられ、真価を問われることになりました。

しかし、顧問弁護士と社労士に粘り強く対応していただき、お咎めなく審判を終えることができ、10年間大きく改善する必要のない給与体系として、今も機能しています。

この10年間での成果は、これまでに述べた通り、複数のプロドライバーが育ちました。まさに人を育成する給与体系と言っても過言ではないかもしれません。

現在、当社では「こころ」というタブレットで運用できるシステムで、総合的に運行を管理しながら、個々のドライバーが日々「いくら稼いだか?」がわかるしくみを導入しています。

COLUMN 6 携帯電話の誘惑との闘い

一昔前のプロドライバーの試練と言えば、時間や休憩したい気持ち、眠気と闘いながら、少しでも早く目的地に着いて、荷物を降ろし、次の積み込み地や別の運行をこなして稼ぐことでした。

ところが現在は、連続走行時間は最大でも４時間、速度も大型車両は90km/h以上は出せないように速度リミッターが装備されています。

そして今、新たな試練として「携帯電話の誘惑との闘い」があります。運行中にメールの着信があれば気になって仕方がない。信号待ちなど、ガンガン走りたい時代のトラックドライバーにはイライラのもとでしかないものだったのに、今は信号待ちが携帯電話を触る時間となっています。

速度の遅い、やたらブレーキを踏む回数が多いトラックの運転席を窓から覗くと、走りながら携帯電話を触っている確率が高いのです。トラックは乗用車とは殺傷力が違います。一つ間違えれば、被害は甚大となります。

そもそもプロドライバーにとって緊張感がなくなっていることも原因の一つかもしれません。オートクルーズ機能の装備は自動運転に近づきますが、危険極まりないと外したがる運送事業者も出始めています。居眠りをしていても、携帯電話を触っていても、上り坂でも一定速度で自動運転されてしまう危険があるからです。

一つの対策提案として、GPSを使い、停止状態でしか使えない携帯電話を開発して、ドライバーには運転に集中してもらうしかけを施すことが考えられるかと思います。

7章

ドライバーを短期間で「人財」に育成する方法

ドライバーを束ねる立場の「上長」は、大企業においては、配車担当者あるいはグループリーダーという立場の方々だと思います。しかし、中小企業・零細企業が全体の99%を占める運送業においては、取締役や営業所長、また社長である場合も少なくないでしょう。本章では、経営者が上長をどのような視点で支えていくべきか、その考え方を教えます。

1　プロドライバーを育てる上長の力量チェックリスト（人間力）

●上長に必要な「人間力」

業績アップに貢献するドライバーを育てるのに、上長がドライバー経験者である必要は、基本的にはないと私は考えています。

次ページに示した上長の力量チェックで、7割以上の評価ができる上長であれば、業績が悪化するよりもアップする可能性が格段に高いと判断できます。もし、評価結果のいい上長であるにもかかわらず業績が悪化しているようであれば、上長ではなく、むしろ経営者の力量不足が原因であると言っても過言でありません。

人間力	1	面談力	
	2	叱る力	
	3	人気度（求心力）	
	4	モラルの維持力	
	5	問題社員をつくらない力	
	6	言動と行動に矛盾がない	
	7	自分の心のコントロール力	
	8	ノーと言える力	
	9	ドライバー力量の見極め力	
	10	記憶力	
		小計	

①面談力

ドライバーの考えをうまく聞き出し、人間性や特徴、癖、家庭環境など、仕事をともにしていくうえで参考になる情報を把握し、個々に合った対応で信頼関係性を築いていくことが、日々ドライバーと向き合ううえで重要です。

②叱る力

無難な人間関係を維持したいとの思いから、叱らずに励ましやご機嫌取りをする上長が増えています。しかし、これらの励ましや機嫌取りは、叱ることがあって初めて効力を発揮することです。

叱るうえでの注意点は、事実関係を十分

調査して行なうこと（勘違いで叱ってしまったら、取り返しがつかなくなります）。そして、過去の話は決して出さないことです（終わってしまった過去よりも、「今、この時」のことに限定することが大事です）。

③ 人気度（求心力）

ドライバーからの求心力は、意外なところから醸成されています。理屈っぽさや押しの強さで権威を保とうとする上長に人気が集まることはありません。たとえば当社の場合、積雪の際、会社に泊まり込み、長靴を履いて雪かきをしながら、部下を見送ることができる（ここ一番に力を発揮する）上長がいました。

ただし、ジェスチャー的な「狙った」行為は見抜かれますので、注意が必要です。あくまで心ある行動が必須です。

④ モラルの維持力

ドライバーのモラルのレベルは経営者と管理職が決めています。ドライバーが決めているのではありません。

ドライバーは上長の言動と行動のギャップにとても敏感です。上長が発する言葉以上に、後ろ姿（背中）を見て判断しています。顔で笑っていても、背中で怒っている上長に部下であるドライバーは近寄りません。そして、上長の目の届かないところで失態（モラルの低い行動）をさらします。ドライバーのモラルは見られていないところで行なっている、上長であるあなたの姿そのものです。

⑤ 問題社員をつくらない力

問題社員はどの会社にも例外なくいます。重要なのはその度合いです。問題社員をつくるのは簡単です。できる部下を重用し、できない部下を見下せば、それを察したずる賢いドライバーに隙をつけ入る行動を起こします。それがそもそものスタートです。できない部下にも手を差し伸べる心がないと、問題社員は必ず高い問題度合いで会社を攻撃してきます。

⑥ 言動と行動に矛盾がない

これは③の人気度のところでも少し触れました。ドライバーというのは感性が研ぎ澄まされている人が多いと私は思っています。その理由は、実は「認められたい」という思いが強いからなのです。

自分が認める人から認められたい。自分の仕事ぶりを常に見てもらっていればそのような思いは強くならないのですが、ドライバーは自分だけの時間が長いために、認めてもらいたい願望も強いのです。上長に対する目線も厳しくなりがちなのは、その裏腹ではないでしょうか。

だからこそ、上長は有言実行する人であり、言動通りに行動することが重要となります。難しいことではありません。具体的には、「小さな約束を守り続けること」がコツです。ドライバーというのは、小さな嘘を多くつかれて傷ついてきた人が多いように感じるからです。

⑦ 自分の心のコントロール力

喜怒哀楽を抑え込む必要は全くないと思います。嬉しい時は喜びをあらわにし、悲しい時は見るに忍びないほど落ち込み、楽しい時は馬鹿になれる上長は求心力があります。

問題なのは怒る時です。叱るのと怒るのは別物です。部下のミスを叱る際に、感情のままに声を荒げて一方的に怒りをぶつけてしまうようでは、誰も近寄れない人になってしまいます。どんなに腹立たしい案件でも、冷静に状況を見極め、話ができる人は部下からの信頼も厚くなります。

⑧「ノー」と言える力

日本人特有の「あいまい」さが世渡りのコツという考え方もあるかもしれません。しかし、相手がドライバーとなるとうまくいきません。器用に「察して」くれないからです。ダメなものはダメと言わないと、ドライバーは理解してくれません。部下であるドライバーの求めに対して「考えておく」「社長に相談しておく」「時間をくれ」は通用しません。無理であれば、その場で「ノー」と言うべきです。

かえってそうした姿勢が信頼感に発展した例は多くありました。あいまいな返答が「離職」に直結することも、痛いほど経験しています。

⑨ドライバーの力量の見極め力

実は、これが事故のない集団を築き上げるうえでとても重要な力となります。ドライバーは元来「煩わしいこと」を避けようとする傾向から、実際はわかっていないことでも「わかりますか？」と聞かれたら、「はい」とか「大丈夫です」と答えます。この言葉を鵜呑みにして失敗した経験は私自身、過去に何度もあります。

私は大事なことを説明した後、理解度を確認するために必ず「復唱」させるようにしています。これにより、おおよそのドライバーの力量は読めます。

また、手抜きの巧みなドライバーは定期的に事故やミスを繰り返します。基本の大切さが理解できていないからです。

要領のいいドライバーに基本の大切さを理解させるのは至難の業ですが、方法がなくはありません。私が実際に行なってきたのは「繰り返し問いかける」ことです。

「何のために一時停止するの？」「何のために指差し呼称するの？」「何のために輪止めするの？」「何のために挨拶するの？」……これらをとことん掘り下げて聞いていくと、言葉が出なくなります。それは深く考えた機会がこれまでなかったからです。ドライバーの力量は、「考える機会」を与えた分だけ上がっていきます。

⑩ 記憶力

元ニューヨーク・ヤンキースの松井秀喜さんは、主な対戦の内容を記憶しているそうです。いつ対戦したか、イニング数、球場名、相手投手名、配球、アウトカウント、どの塁が埋まっていたか、点数差……。野球そのものの技術が卓越していたのと同じくらい、「記憶力」が成績につながっていたのだと私は確信しています。

運送の世界でも同じように考えることができます。ドライバーに仕事を割り振る時、過去の失敗やクレーム内容、ドライバーからの報告内容、荷主担当者の性格上の特徴などを記憶している上長は、ドライバーに嫌な思いをさせないように心がけます。それがドライバーが業績アップに貢献しやすい環境をつくることになるのです。

2 プロドライバーを育てる上長の力量チェックリスト（コミュニケーション力）

●上長に必要な「コミュニケーション力」

運送業の管理者はドライバーと接する時間が少ないのが前提で、コミュニケーションを取る必要があります。よって、日々の点呼や添乗指導、個別面談などが「ドライバーの状態を見抜く」うえでも、とても大事な機会となります。

① 健康チェック力

ドライバーの健康状態を一目で判断できる、有能な運行管理者を私は何人も知っています。彼らに共通する特徴は、「相手の顔をしっかり見て会話する」習慣の持ち主であるということです。まず例外はありません。パソコンを触りながら（他のことをしながら）ド

コミュニケーション能力	1	健康チェック力	
	2	伝える力	
	3	部下からの求めに応える力	
	4	無理を聞かせる力	
	5	ワクワクさせる力	
		小計	

ライバーの話を聞いているような上長では、ドライバーの健康状態は見抜けません。

また、ドライバーの言葉を鵜呑みにすることも危険です。体調の不良を訴えると、配車変更によって稼ぎが減ることを懸念し、つい「大丈夫です」と返答してしまうようなことがあるからです。上長は医師ではありませんので病状まではわかりませんが、異常を感じる感性はやはり日々の「観察力」＝「部下への関心」ということになるでしょう。

②伝える力

こんな経験はないでしょうか？「いくら言葉で丁寧に説明してても理解してくれないドライバーが、絵や図で描いて見せたら瞬時に納得してくれた」。これが「伝える力」です。さまざまな手段を講じて伝える力が上長には必要です。

たとえば、次ページの「車両通行止め」の標識はどちらが正

正しい知識とマナーの会得が「プロドライバー」への近道

Q.「車両通行止め」標識はどちらが正しい？

しいでしょうか？　私の経験上、回答は半々に分かれます。

正解は、左です。ドライバーにこの正解を教える時、単に「正解は左です」では伝わりません。「伝わりやすい伝え方」をすれば、以後、絶対に間違えなくなります。

たとえば、「標識は万国共通。ダメなことはＮＯ！　だから、Ｎの字体に似せた左が正解なんだ」、こう伝えれば、ドライバーはしっかり頭に刻み込んでくれます。これが教えるコツであり、伝える技術です。

③部下からの求めに応える力

玉切れしたので新しい電球が欲しい、真夏にエアコンが効かなくなった、飛び石でフロントガラスに大きな凹みができた、荷台の天井に穴が開いて、雨漏りしている……。このような社内リクエストは夕方に集中します。つい後回しにしてしまうと、「所長、何度言ったらやってくれるんだよ！」「いい加減にしてくれ」と叫ぶドライバーが出てきます。

ドライバーに事情を聞くと、もう放置されて1カ月になるという。上長にも事情を聞いてみると、「車検の手配や日々の配車、運賃付けなどが溜まっていて、そこまで手が回りません」。そんな答えでした。

これは定着率の悪い営業所の上長が発する言い訳の典型です。優先順位を正しく判断できないのです。物流マンの誰もが「安全第一」という言葉は知っています。安全を第一とするなら、どれが優先順位1位か自ずと決まります。私は「安全第一、ドライバーからの信頼感第一」と考えています。経営者は上長が仕事をしやすくなるように「分業」体制をとることをすすめます。何でもかんでも上長におまかせでは心身が保ちません。

時折、すべてを自分で抱え込んで人に仕事を振り分けることができない上長がいます。そういう場合は、「お前しかできないことは何だ？」「お前じゃない方がうまくやれることは何だ？」と問いかけます。後者については「お前がやるより、他の得意な人に任せた方がうまくいくんじゃないのか？」と提起します。「お前しかできないことは社長である私にだってできない。それこそお前の存在意義なんだぞ」と伝えた後の上長は清々しい表情をしています。

④ 無理を聞かせる力

荷主や社長、直属の上司が何かと無理難題を課してくることがあるでしょう。そのような時、最後は弱者であるドライバーにしわ寄せがいくものです。たとえば、荷主が「誤って納品してしまった不良品を一刻も早く回収してきてほしい」と、夜中にもかかわらず無理を言ってきたとします。

こんな時、ドライバーとの信頼関係がものを言います。それができていないと、「ドライバーに無理を言うより……」と運転ができる上長は、自ら運行して凌ごうとします。これではいい会社にはなっていきません。会社には役割というものがあり、上長がドライバーをしている時間は管理面が疎かになり、会社は損失を被るのです。

各セクションのスタッフが、どんなイレギュラーの事態でも自分の仕事を責任持ってこなし、総合力で乗り切るべき時は社長が陣頭指揮を執っていくのが強い会社のあるべき姿です。ドライバーに無理を聞いてもらわなくてはならない上長は、そこを念頭に入れ、長いスパン（1～2年程度）で不公平にならず、特定の人に偏らないように采配を振るうようにします。そこで最も大事なのが「上長がやるべき仕事」に打ち込む姿を部下は全員知っているか、ということにつきます。ここぞという時に「不在」「逃げる」上長の無理はなかなか聞いてもらえません。

⑤ ワクワクさせる力

私が会社を引き継いだ当初は、事務所は民家を改造した屋根瓦が落ちそうな老朽建物、車庫も4カ所に散在しており、トラックに乗るまで5分程度歩かなければならないような「ドライバーの負担が大きい」職場環境でした。そんな不自由を慢性的に強く感じていたドライバーたちに、私は次のプランを発表しました。

「2000年会社移転」「新築事務所、車庫、倉庫1カ所集約」「車庫は全面アスファルト敷き」「敷地は現在の4倍の土地を確保」と紙に大きく書いて貼り出しました。ドライバーたちが珍しくテンションの高い声でワイワイと盛り上がっているのが聞こえてきました。「これだ！」と思い、私は輪に入り、補足的に構想を膨らませて話をしました。ドライバーの目はキラキラ光り、とてもワクワクしてくれました。職場環境が改善され、同じ稼ぎでも快適に仕事ができる具体的なイメージが大事なようです。

しかし、結局はトップ主導の構想に過ぎず、実現に向けた実働部隊にはどこか活気がありませんでした。次こそは、上長が部下の思いを汲み取った構想を、経営者に提言する方式を採りたいと思っていました。

そこで当社では、年1回全社員が集まる大イベント「ナルキュウカップ」で中期経営計画を発表する場を用意しました。この数年で若い20代のドライバーが増えてきたこともあり、これから3年間に会社がどうなっていくのかを伝えていこうと考えたのです。

大抵は、トップが大枠の方針を唱え、それに経営陣や管理職（上長）が枝葉をつけ、肉づけをして、最終的に中期経営計画が出来上がるのかもしれません。私は、6つの営業所の上長に「ドライバーをはじめとした部下たちがワクワクするような、営業所のこの先3年間の姿を描いてきてくれ！」と課題に出しました。

1カ月後に各営業所単位でプレゼンをさせましたが、「ワクワク感」が出ていません。「お誕生日休暇採用」「倉庫に専用リフトマン配置」「全車にバックアイカメラ搭載」「シャワールーム新設」……。「実際にできそうな、手の届きそうな、無難な」ことが書き綴られていて面白くないのです。

こういうことにドライバーは本当にワクワクして、業績をアップさせるドライバーに変身してくれるのでしょうか？　いくら慢性的なドライバー不足で、離職者を出したくないとはいっても、あからさまな「ご機嫌取り」など、すべきではないというのが私の考えです。

新しいことをやるなら、「不況」を理由に中断しないことを約束できるものに限定しましょう。それは必然的に「必要なこと」になるはずです。不況でも必要なのだから、中断できないことをすべき、ということです。

失敗例としては、愛知営業所に２０１１年新設したシャワールームは、ドライバーからの熱望によるものでしたが、実際には使用頻度が低いままです。

ドライバーが働くうえでのワクワク感は、会社が発展することだけでは醸成できません。その証拠に、ドライバーは本当に些細なことで突然辞意を示すことがあります。会社がどんどん発展していても「それはそれ」なのです。

「ワクワク」しながら働いているドライバーは、まず辞意を示すことはありません。会社の規模は現状維持でも、ドライバー思いの経営者が心を込めて「会社をよくするために」発した言葉に、彼らはワクワクするのです。

3 プロドライバーを育てる上長の力量チェックリスト（行動力）

◆上長に必要な「行動力」

「やらなくてはならない」という思いを、実践に変えるスピード感と推進力が「行動力」だと私なりに捉えています。行動力がある上長は「チャンス」をうまくキャッチアップする運も持っています。

① トラブル解決力

現場を切り盛りしていると、実にさまざまなトラブルに見舞われます。私は何も起きないことの方が「異常」であると割り切って考えるようにしていますので、少々のことでは動じないように心がけています。

行動力	1	トラブル解決力	
	2	会社方針推進力	
	3	行動即時力	
	4	情報の正確さと速さ	
	5	現場観察力	
		小計	

一番あってはならないのは、お客様に迷惑をかけるトラブルです。ここでの鉄則はまず「謝罪」です。謝罪すべきことでない場合は「現地に出向く」ことです。

話を聞くだけでは解決に近づいていきません。怒っている方がいたり、荷物事故で壊れた貨物があったり、大破した自社車両が路上にあったり、大喧嘩をしている部下がいたり、いろいろなトラブルがありますが、まずは上長が現場に出向くことで必ずいい方向に向かいます。

そして、解決に向けた次の段階が「折衝」です。この折衝の段階では、冷静にどんな布陣で行なうかが重要です。決して、トラブルを起こした当事者がいなくてはならない、あるいは責任ある立場の人間が同席しなくてはならない、ということはありません。ケースバイケースではありますが、常道として、こじれずにトラブルを解決するには、当事者の直属の上司である上長（時には社長）が「毅然とした」態度や言動を保つということが重要となります。

私が新米社長の頃、引っ越しを請け負った際に、家具の持ち運びに慣れないドライバーが新築のお宅の床に大きな傷をつけてしまったことがあります。私はあわてて現地に行き、大きな傷を自分の目で確認しました。依頼主は大変ご立腹でした。思いの詰まった、やっと手に入れた新築のお宅です。無理もありません。私はとにかく何度も頭を下げ、心からお詫びをしました。

問題は、どう解決するかです。考えられる最悪のパターンは「床の張り直し」です。引っ越し分の収入は軽く飛んでしまいます。私は、当事者のドライバーを呼び、依頼主の前で叱るのではなく、依頼主のこの家に対する思いを代弁し、説明しました。この傷とずっと何十年もともに過ごしていく重さを説明したのです。

それを聞いていた依頼主は、「この傷も込みの家を買ったんだと思うよ。もう気にしなくていい」と言ってくださり、トラブルはその場で解決することができました。お詫びに後日、取り壊しが決まっている旧家の家財がすべて運び出された後の写真をピックアップしてお持ちしたところ、とても喜んでいただけたのを覚えています。

② 会社方針推進力

会社方針や社是・社訓は唱和していれば浸透していくものでもありません。経営者が中間層の管理者（上長）に直接理解できる言葉と行動で浸透させることが重要です。

今、私の右腕として長年勤めてくれている幹部とは、忘れられない思い出があります。入社当時、私が現役ドライバー兼社長として運行担当していた名古屋～茨城（片道450キロメートル）の区間、ずっと横乗りをしながら、会社の歴史や沿革、自分自身の生い立ち、会社への思いやビジョンを語り合いました。会社に帰ってくる頃には、お互いに多くのことを知ることができました。

近年はなかなかそこまでやれていませんが、会社方針を具現化するには相当の推進力が必要だと感じています。まずはできるところから一歩ずつ推し進めていきましょう。たとえば、社長を囲んでの会社方針説明。聞く側は自分なりの会社方針に対する思いや、できそうなことを発表します。そして、発表内容を記録に残し、1年に一度程度、実際にできているかどうか検証を行なうのです。

③ 行動即時力

ドライバーを利益貢献できるように育成するためには、上長の行動力＋即時性が必要です。一言で表現するなら「打ち手が早い」ということです。

それには、どういうことに対して手を打つかの判断が大事です。不正なことがドライバー内で起きている兆候がある、特定のドライバーの様子がおかしい、休憩室で雑談するドライバーが突然いなくなった、女子事務員から重要な提言があった、荷主から警告があった……。このような現象に対して、躊躇なく動ける上長が安定したドライバー集団をいい状態で維持できます。

④ 情報の正確さと素早さ

報告の対象は、会社経営陣、荷主、部下であるドライバーです。その情報については、まずは正確であること、その次に素早さが大切です。当たり前のことと思われるかもしれませんが、特にドライバーからの信頼を得るためには必須です。

伝達事項がいい加減だったり、それがもととなってドライバー自身が振り回されたりすると、以後の采配に大きな支障が出てしまいます。

私が毎日のように乗務をしていた頃に、大変な思いをしたことがあります。配車を担当していた創業社長の実弟である専務から渡された納品先情報がとにかくいい加減で、担当者の名前も、手書きの地図も、納入時間も、荷下ろし場所もすべてが間違っていたのです。振り回されている最中は恨めしさしかありませんでした。

帰社して専務に訴えたところ、「それは大変だったな」の一言だけでした。次の日から私が配車を行なうきっかけとなる出来事でした。

⑤ 現場観察力

先にも述べましたが、優秀な上長の条件に、トラック乗車経験は必要ありません。ドライバー未経験者でも十分に上長は務まります。ただし、「現場を観察する力」は絶対に不可欠です。現場には多くの真実や問題解決のヒント、営業活動の種がたくさん落ちています。うまく拾い上げて業績アップにつなげられるかどうかは、上長にとって重要なスキルです。

私は現場に出ると、今でもバックヤードを見に行きます。製品を納めるための通い箱置き場や原材料納入場所、トラックの待機場などです。ここを定期的に観察していると「差」

に気づきます。

通い箱が多く出ているということは、生産が追いついていない、またはよく売れているということ。逆に通い箱がない時は、それだけ製品が箱に詰まった状態で、どこかで滞留しているということになります。

したがって、生産が滞っているか売れ行きが落ちている。あるいは、原材料が倉庫に満タンにある時は、早々に生産が追いつかなくなり、別仕立ての臨時便が増発される可能性があります。

現場から得られる情報は、仮説と実証により研ぎ澄まされていきます。現場を漫然と見ずに、「差」を見抜く目を養うことです。

4 プロドライバーを育てる上長の力量チェックリスト（やる気）

上長に必要な「やる気」

「やる気」というのは、自分自身でさえなかなかコントロールできないものです。まして や部下のやる気を司るのは簡単ではありません。上長のやる気はドライバーのモチベーションにも大きく影響しますので、経営者は重視する必要があります。

① 勉強意欲

勉強といっても、ビジネス書を読んだり、講演を受講したり、資格を取得することだけではありません。運送会社の経営者が求める優秀な物流マンを育てるには、勉強の幅が重要になります。

やる気	1	勉強意欲	
	2	出世意欲	
	3	考えさせるスキル	
	4	現地確認意欲	
	5	事業拡大意欲	
		小計	

特に業績を上げるドライバー集団を育成する人材というのは守備範囲がとても広く、専門性よりも幅広い知識やスキルが求められます。儲けをもたらす上長は人が好きで、話を聞くのがうまく、知らないことに貪欲に食らいつきます。

私は、部下である上長たちに意識して新しいものに触れさせる努力をしています。日々の報告はFacebookを活用し、ドライバーの管理はスマホで行なえるようにしました。新しい情報は、スマホのような端末から得られることが急激に増えているからです。

② 出世意欲

出世意欲といっても、偉くなって年収を増やしていい生活をしたいというより、「自己実現意欲」に近い意味です。

経営者が、部下である上長に「俺は別に今のままで十分」「できればラクして偉くなりたい」などと思わせてしまっては、会

新卒から役員へのキャリアアッププラン

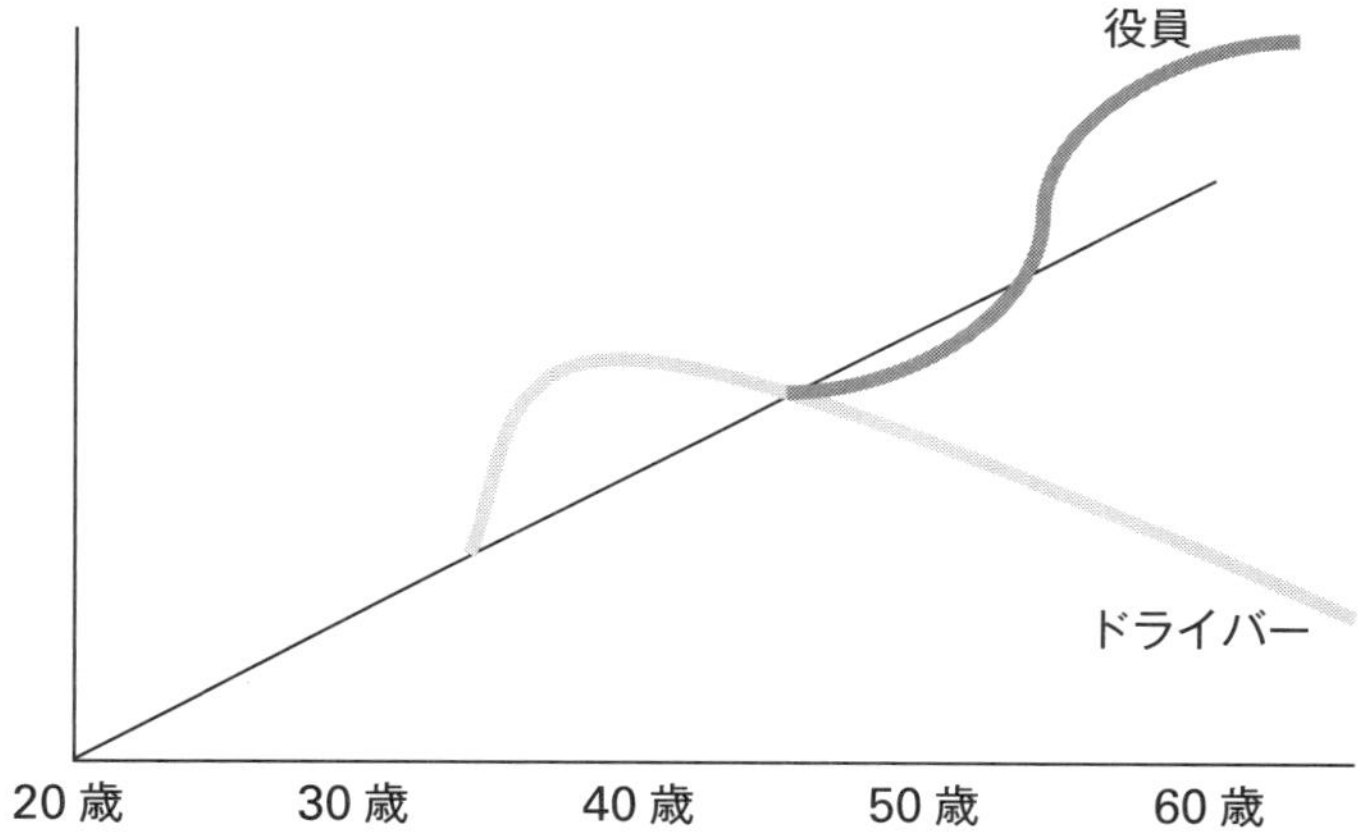

社はよくなっていきません。上長が成長することでドライバーもともに成長していくからです。成長を放棄した上長の下で働くドライバーは、とても気の毒でなりません。

私はドライバー職として入社してきても、上長としてふさわしい人材と見抜けば、早期に口説きます。口説く時に使うツールが上図です。

右上がりの直線が、大手企業や役所に勤めている同年代の年収を表わしています。年功序列であることを示します。30歳代半ばくらいから抜け出している曲線がドライバー職の年収です。同年代の年収より上にいっています。

しかし、体力の衰えとともに年収は下

がっていきます。そのタイミングで、管理職に転身するチャンスをモノにすべきだと口説くのです。うまく役員クラスまで出世できれば、実質定年もないし、生涯年収も大手企業や役所勤めの同年代を超えられる。そう説明します。

これは、ただお金のことだけを強調するのではありません。一度はドライバー稼業に就いたものの、どこか物足りなさやマンネリ感から自己実現できていないことを察し、もっといい人生に導いてあげたいとの経営者としての思いを伝えるのです。

ドライバーにもキラッと光る原石のような人材はたくさんいます。私はトラックドライバー・コンテストというツールを駆使して、複数のトップドライバーを育成してきました。それを成し遂げた彼らには、まさに「出世意欲」があったからこそなのです。その中から宝のような上長も育つのです。

③ 考えさせるスキル

業績をアップさせるドライバーを育成するうえで、「教えるスキル」は不可欠です。「知っている」から「やれる」に押し上げるスキルです。

現代は巷に情報が溢れかえっていて、マスコミやネットを通じてさまざまな情報を得る

「知っていること」と「やれること」は違う

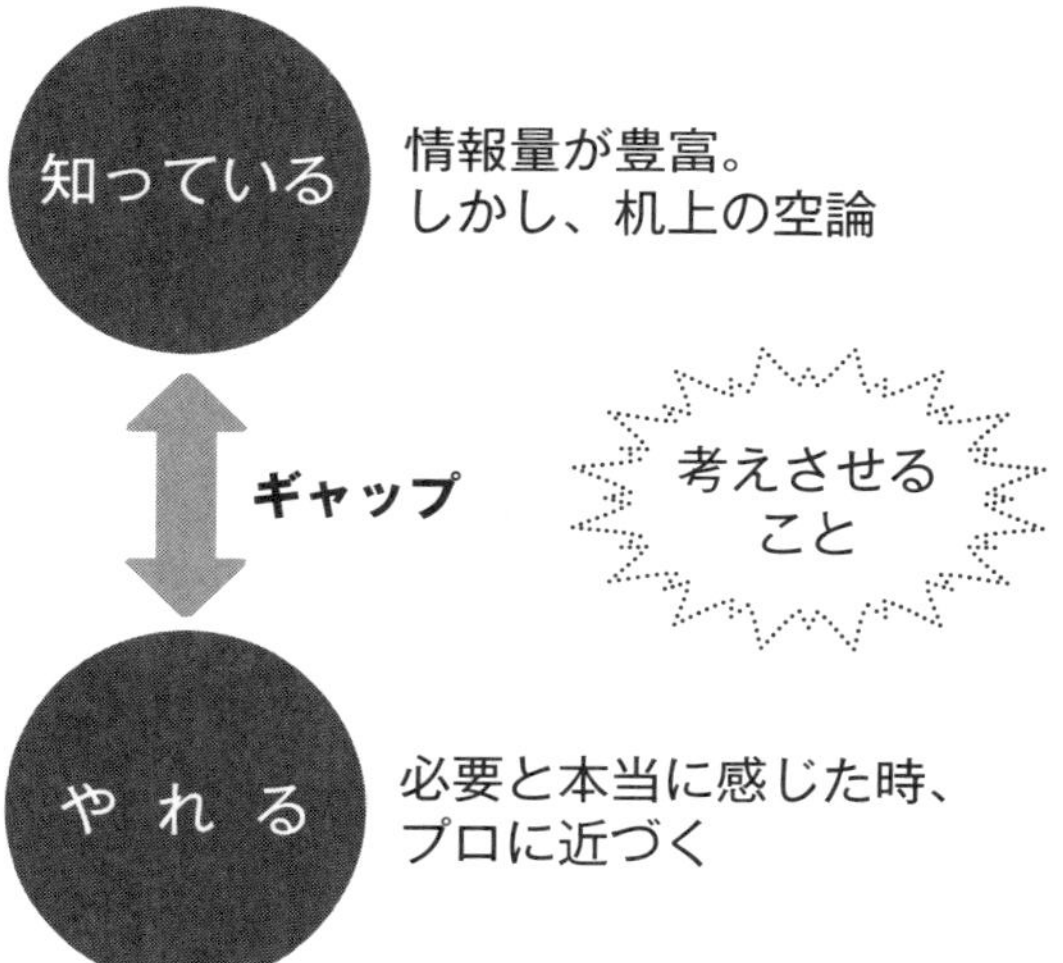

ことができます。特にドライバーは1日中ラジオを聴いていたり、比較的容易にスマホなどを操る時間を持っています。したがって、「知っている」レベルのことは、かなりの量を持っているようです。

しかし、「やれる」ことはもう一段上のレベルです。ケーブルのつなげ方は知っているつもりでも、理屈がわかっていないから、バッテリーが上がってしまった時、正しくつなぐことができないというわけです。

これはドライバーの意識の問題と片づけられがちですが、私は上長の教えるスキルの問題であるとも考えてきました。

「教えるスキル」は「考えさせるスキル」であると私は結論づけています。ドライバーは独自の判断を迫られる場面が非常に多いため、考える癖をつけさせないと、重大な事故やミスにつながります。そのリスクを抑えるためには「考えさせる」ことが重要なのです。目の前の荷をどのように荷締めすれば最も安全か、いちいち上長の指示は仰げません。天候条件により事故を回避するためのルート選択や走行方法、ブレーキングの仕方を事細かに上長から指示することは不可能です。

届け先が複数の荷物を詰め合わせるには、パズルを組むような難解さがあります。これもドライバー自身が考えるしかありません。

上長の「考えさせるスキル」をアップさせるには、経営者が常に意識すべき課題があります。それは、「任せる勇気」です。自分がやった方が速いし、正確だし……と思うかもしれませんが、すべてを経営者が牛耳ることはできません。人は任されることで、「考える」スキルが身につくのです。

④ 現地確認意欲

人間は経験が豊富になるほど自分自身の目で確認することを怠り、想像で察しがつくと勘違いしてしまいがちです。実際にはそれほど狂いはないのかもしれませんが、狂いのないことを確認している人は実は強い。盤石です。

一方、自分自身の経験値を信じすぎて迷う人が多いこともまた、否定できないと感じています。実は、私もそういった側面を反省させられた経験者です。それは、現場において経験値でどんなことでも応用し、対応してみせるという過信でした。

具体的には、荷物事故の原因分析でした。同じようなフォークリフトによる荷物事故が繰り返し起きていた頃、荷台の上で製品が散乱する画像を見て、過去の経験値から「ドライバーの操作ミス」と決めつけ、ドライバーを叱りつけてしまったのです。

翌日、そのドライバー辞表が提出されました。しかし、その後よく調べたら、人的ミスではなく製品が入っていたパレット自体の破損が原因で、ドライバーには防ぎようのない事故であったことが判明し、しばらく申し訳ない思いに苛まれました。それからは、必ず現地確認をしてから、原因を断定することを履行しています。

⑤ 事業拡大意欲

部下である上長が事業を拡大できるかどうかは、間違いなく経営者の裁量にかかっています。結局、商売というのはトップのものなのです。部下はまさに「あなたのために」働いているのです。真実は違っているかもしれませんが、そう思っていくことが事業の拡大につながります。

サラリーマンはリスクが少ないことが「砦」です。その砦を超えてリスクにもなる事業拡大に挑む部下は、まさに経営者であるあなたについていこうとしているからだと、理解すべきです。

トップの責務は「ここ一番で責任が取れる」ことです。部下にはフィールドを与え、トップは見守る勇気を持つことが、事業を拡大させる秘訣です。

5 問題社員との面談

◆問題社員を一切排除することはできない

問題社員というのは、どの会社にも必ずいるものです。仮に1人の問題社員が退社しても、じきに次の問題社員が出てくるのは不思議なものです。結局は、問題社員とうまく付き合うしかないと考える方が賢明です。

つまり、**問題社員を排除しようとせず、面談により問題が出にくい状態を築き上げること**が重要だということです。「問題社員はいますが、大きな問題を起こさせないように努めています」という状態に持っていくのです。

ただし、問題社員が無茶なことを言ってきたり、常識外の行動をした時に、黙認したり容認すると、問題社員の予備軍が増殖してしまいます。

私は数年前に某法人会開催の講演で、問題社員と向かい合うための大きなヒントを得ました。問題社員との面談の具体的なやり方です。

●問題社員が生まれ変わる面談とは

それは、問題社員が顧客クレームや事故、社内の人間関係トラブルなどの問題を起こした際に、1時間の面談を1週間ごとに5回繰り返して行なうという（根気のいる）手法でした。

その講演を聞いて間もなく、ある社員について上長から「ルールを守らない。屁理屈ばかりで手に負えない」という相談があり、実際にその手法を試してみました。

問題を起こした社員は、社長から呼び出しがあった時、何を言われるか見当がついています。それなりの反省の弁や言い訳は用意しています。

5回中の第1回目、怒られる覚悟はできているようでした。しかし、私は1時間しか時間がないことを告げ、子供の頃の話を聞き出しました。問題社員は、あからさまにキョトンとした表情をしていました。それでも繰り返して聞くと、「小さい頃から昆虫が好きで、理科だけは得意だった。友達は多くなかった」といった答えが返ってきました。

そして、すぐに約束の1時間が経ちました。次回の面談の日時を告げると、ポカンとした顔で、「これで終わりでいいのですか?」と私に念を押してきます。「次回は覚悟してくれ！」と笑って告げ、退室させました。

1週間後、第2回目も問題行動には一切触れず、奥さんとの馴れ初めを聞き出しました。映画が好きで、通っていた映画館の切符切りをする女性に一目惚れし、思い切って声をかけ、結婚に至ったという面白いエピソードが聞けました。それでまた1時間が経過し、翌週の日時を告げて退室させました。今回こそは叱られると覚悟して来たのに拍子抜けした様子でした。

そして、第3回目です。なぜ倉庫作業やドライバーの仕事を志望して入社してきたのかを聞きました。第3回目の面談ですので、5回中の中盤です。でも、焦って説教してはいけません。あくまで、信頼関係を醸成していくための根気のいるアクションです。

彼は、言いました。「40代後半になって人間関係の煩わしさから逃げたくなったから、ドライバー職に転職してきたのです」。元々、人間関係に悩んでいたようでした。

この社員の起こす問題とは、同僚や荷主への暴言や失言でした。今までどんな失敗をしたのか、興味津々の態度で聞きました。

また1時間が終了し、4回目の約束をします。もう相手もわかってきたようで、「次はどんな内容の話を準備してくればいいですか?」と笑みが出ています。周囲の人間も「あの2人は一体どうしたんだ?」という目で見てきます。


さて、第4回目です。問題が起こってすでに1カ月が経とうとしていました。この段階で、周囲から「最近、例の問題社員、なんか変わってきたね」という反応が出始めました。そんな話をしながら切り出します。

ポイントの第4回目は、いよいよ核心に入っていきます。「何のために働くのか?」です。大抵、このタイプは「仕方なく」仕事をしています。生活をしなくてはいけないので、我慢しながら1日を過ごしています。達成感も充実感も味わった経験が少ないのです。

ここで好きなこと、得意なことを聞き出す絶好の段階です。今後の労使関係を良好にしていくうえでも大切なことを聞き出すのです。この問題社員は、理科が得意と言っていたのを思い出しました。「力学とか物理とか興味ない?」と聞くと、「ある」と言いました。

「よし! 決まった。フォークリフトの全国大会を目指そう」

そして、いよいよ第5回目、最終回です。前回に提案したフォークリフトの大会について説明しようとすると、なんと、私以上に調べを済ませてきていました。問題社員とは思えない行動を見せてくれました。

しかし、美談で済ませるほど甘くはありません。最後は、仲間や荷主への暴言や失言についてしっかりと叱りました。同じ過ちは絶対に許さないことをはっきり伝え、始末書も書かせました。それでも、1カ月余を経て、信頼関係が出来上がっていたので、揉めたりすることもありませんでした。結果、その元問題社員は2016年のフォークリフトの県大会で出場選手中、学科の最高得点をマークし、いよいよ入賞が見えてきました。

経営者の本音として、問題社員が出てしまうと、どうしても「排除」したくなります。しかし、仮にその問題社員を排除できたとしても、必ず次の問題社員が出てくることを、経営者は経験的に知っています。

会社の文化そのものを浄化していこうとするなら、問題社員の入社を許してしまった以上、逃げたくなる気持ちに立ち向かって、挑んでいくしかありません。

COLUMN 7 車間距離を縮めることの大きな代償

「車間距離は十分にあけなさい」と指導員はドライバーに教えるのですが、具体的に日々現場で使える鉄則がありません。

トラックは大型化するほど、他車両からすると動きの鈍い邪魔な存在となります。４トン車でさえ前に大型車が走っていると後ろにつきたくありません。前方の視界が閉ざされるし、スピードも速くないので前に出たくなる。前に出ようとして、車間距離が十分だったら前に入る。結果として、大型車両は、前に入られないように車間距離を詰めて走行するテクニックを身につける……。

これはプロドライバーにとって不要なスキルであり、前方を走行する小型車両にとっては恐怖や気の散漫につながります。

信号待ちでは、大型車両に必要以上にぴったりくっつかれることがあります。大型車両ほど初速が鈍いので、少しでもいいスタートが切りたいという心理なのでしょう。

以前、とても好感を持っていたある同業者のトラックに、信号待ちで後ろにつかれたことがあります。かっこいいカラーリングで、洗車の行き届いた高年式のトラックでした。ルームミラーを介して見とれていたら、どんどん近づいてきます。気分的に嫌だったので、先頭車であった私は停止線間際まで移動しました。それでもまだ近づいてくるのです。

後ろばかり気にしていたら、信号が青に変わった途端に、思い切りクラクションを鳴らされてしまいました。好きだった同業者が、一番嫌いな同業者になった瞬間でした。

おわりに

最後までお読みいただき、誠にありがとうございました。

私はこの書籍を含めて3冊を刊行させていただき、出版や講演を通じて多くの同業の経営者や管理者、そしてドライバーの皆さんとの出会いをいただきました。

その中で、つくづく思うのが「物流」という経済活動を底から支える社会性の高い仕事に携わる一人として、**「私たちは何のために働くのか」**ということです。

人は仕事を通じて、人格形成をし、生きがいを見つけ、最期に「いい人生だった」と思えるように働くのだと私は思っています。

働くことがつらい、苦しいと思うことは多々ありますが、「この仕事は自分にしかできない仕事だ」と思えれば、謙虚な心や感謝の思いが湧き起こってきます。ここは、経営者がうまく導いてやるべきところではないでしょうか。

物流という仕事は、本当に目立たず地味ですが、最後の「仕上げ」のような仕事です。

私の目に映るものの中で、トラックドライバーの手を介さずに手元に届くものは見当たりません。人が生きるうえで深く関わっている証拠です。

いつ事故や非常事態の知らせで、鳴るかわからない携帯電話を枕元に24時間365日置き、ずっと下ろすことのできない重荷を背負いながら、我々運送会社の経営者は働いています。

本書は、そんな運送・物流会社の経営者の目線で執筆しました。

人を束ね、安全と安心を損ねることなく、社会的な使命を全うしていくための指揮を執るのは簡単なことではありません。でも、現場で必死に支えてくれているドライバーや作業員、リフトマン、24時間点呼を実施している運行管理者の皆さんの尽力に深く感謝をし、理解する心を忘れてはならないと思います。

本書にも書いた通り、私の会社の社是は「小さな一流企業を目指して、社会に貢献できる人づくり（NALQマン）会社づくり」です。そして近年では、全社員に「俺たち本気！」というメッセージを掲げ、本気で事故を撲滅しよう、本気でお客様のお役に立てるように努力しよう、と訴え続けています。

我々の業界は、まだまだ手つかずの「未開の地」が多くあります。ドライバーの長時間労働問題や真の意味での荷主との連携、ドライバーが誇りを持てる地位の向上などです。

本書が、一つひとつの課題を地道に解決するための一助となれば幸いです。

2016年5月

酒井　誠

著者略歴

酒井　誠（さかい　まこと）

株式会社ナルキュウ、鳴海急送株式会社、株式会社ナルキュウ西部 代表取締役、一般社団法人 日本トラックドライバー育成機構 代表理事

1964年生まれ。自営業（喫茶店）を営む次男として名古屋市で生まれる。学生時代から経営に強い関心を持ち、住宅リフォーム会社の学生下請け事業者として5名の学生仲間（経済学部の「組織論」ゼミ）と共に実戦で経営を学ぶ。準大手運送会社に就職し、営業、大学新卒採用担当を経たのち、28歳で創業40年の老舗家業（運送業）を承継し、2017年創業65年を迎える。プロドライバー育成のために取り組んでいる全国トラックドライバー・コンテストでは4年連続国土交通大臣表彰を受け、2013年には全国優勝（4トン部門）する選手を輩出。運送会社のための「人材育成」「ポイント給与システム」をテーマに、北海道から沖縄県まで講演活動も行なっている。著書に『小さな運送・物流会社のための「プロドライバー」を育てる3つのルール』『小さな運送・物流会社のための荷主から信頼される！「プロドライバー」の教科書』（同文舘出版）。

■鳴海急送株式会社

〒471-0001 愛知県大府市北崎町島原28番1

TEL 0562-45-5087　fax 0562-45-5088　URL http://nalq2007.com/

■一般社団法人　日本トラックドライバー育成機構

TEL 03-6273-0732　URL http://www.jtdo.jp/

【講演等のご依頼】Mail　m.sakai@narukyu.com

小さな運送・物流会社のための業績アップし続ける3つのしくみ

平成28年6月8日　初版発行

著　者 ―― 酒井　誠

発行者 ―― 中島治久

発行所 ―― 同文舘出版株式会社

東京都千代田区神田神保町1-41　〒101-0051
電話　営業03（3294）1801　編集03（3294）1802
振替00100-8-42935
http://www.dobunkan.co.jp/

ISBN978-4-495-53471-4

印刷／製本：萩原印刷

Printed in Japan 2016